LOCUS

LOCUS

LOCUS

LOCUS

在時間裡，散步

walk

walk 09

倦怠社會

作者：韓炳哲（Byung-Chul Han）

譯者：莊雅慈、管中琪

責任編輯：潘乃慧

封面設計：廖韡

校對：呂佳真

法律顧問：董安丹律師、顧慕堯律師

出版者：大塊文化出版股份有限公司

台北市105022南京東路四段25號11樓

www.locuspublishing.com

讀者服務專線：0800-006689

TEL：(02)87123898 FAX：(02)87123897

郵撥帳號：18955675　戶名：大塊文化出版股份有限公司

總經銷：大和書報圖書股份有限公司

地址：新北市新莊區五工五路2號

TEL：(02) 89902588　FAX：(02) 22901658

初版一刷：2015年4月

初版九刷：2023年11月

定價：新台幣250元

Printed in Taiwan

倦怠社會

Müdig
keits
gesellschaft

Byung-Chul Han
韓炳哲——著
莊雅慈、管中琪——譯

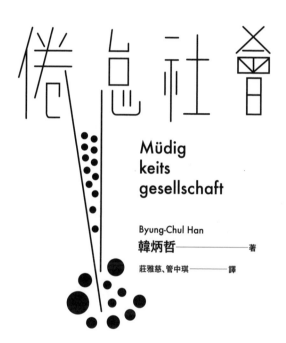

目錄

導讀

一直很疲倦，但是為什麼？

林宏濤

柏林藝術大學教授韓炳哲於二〇一〇年出版《倦怠社會》，一時成為報章媒體討論的焦點。作者主要研究領域是現象學和媒體理論，也旁涉文化理論、美學、宗教。該書問世時，他正任教於卡爾斯魯爾藝術與設計學院。這部哲學著作甫出版兩週即銷售一空，書中探討現代社會的「倦怠」現象，顯然許多人心有戚戚焉。在憂鬱症、過動症、專業枯竭和過勞充斥的現代世界裡，或許人們真的覺得累了。

相對於上個世紀的虛無、存在危機、階級對立，倦怠、厭煩、無聊似乎成了社會觀察和哲學探索的熱門話題。作者試圖在極短的篇幅裡提出一個存有學式的解釋，野心不可謂不大。

作者首先套用免疫學的模式，描述上個世紀「自我」和「他者」的關係，對於自我而言，他者是否定性的，尤有甚者，他者是個入侵者，就像病毒一樣。自我必須否定他者的「否定性」，正如自體免疫系統必須抵抗病毒的入侵。二十世紀的冷戰時期是他認為「自我」和「他者」典型的敵對關係。可是作者主張說，這個免疫系統的解釋典範在這個世紀裡已經失效，他者在性質的否定性退位成程度上的「差異性」，現代的病理學的根源反而是因為自我的肯定性的無限擴張，自我找不到外來者，免疫系統找不到入侵者，於是轉而攻擊自身，產生神經元的暴力，這就是現代精神疾病的根源。

另一方面，作者認為，傅柯的規訓社會的論述也被功績社會的模型取代，否定性的「不准」變成無遠弗屆的「可能」。規訓社會製造出瘋子和罪犯，而功績社會則是產生憂鬱症病患和失敗者。這個典範的轉移潛藏在社會裡的集體潛意識裡，每個人不斷地追求成功和卓越，每個人都是自己的主人，每個人都要做自己，卻把自己弄得精疲力竭，追求自由的結果，成了自願地讓渡出自由。此外，功績社會裡系統性的精神暴力會引發心理的自我攻擊，也就是認知失調和成就壓力。

在一個相信「沒有什麼是不可能」的社會，憂鬱沮喪的個人抱怨「沒有什麼是可能的」。過度積極的人生發動了自己對自己的戰爭。

人生苦短，而功績社會裡的人們卻以過度快速的活動、歇斯底里的工作和生產來回應已經缺乏存在感的生命。外在的威逼轉變成內在自我剝削的強迫症，勞動不再是為了生活的必要性，而是他有過度積極的活動和過度的神經質。

人們毫無抵抗力地追逐新的衝動和刺激，以為越積極活動，他就越自由，卻因而陷於焦慮不安。而快節奏的生活壓縮了時間空檔，甚至消失無蹤。「積極行動的人像石頭一樣，如機械般愚蠢的運作，不斷地滾動著。」以往敵我分明的世界裡有對象性的憤怒，現在只剩下對整個存在莫名的焦慮恐懼。而當人只有正面積極的力量，也就喪失了「說不」的能力，對於不作為的恐慌，讓他們聽任客體的擺布。

於是，「功績的社會作為積極活躍的社會，慢慢演變成一個『興奮劑的社會』」。過度積極肯定造成無止境的疲憊，使人孤立和隔離。未來的社會就成了倦怠的社會，雖然倦怠可以是「使彼此關係分裂的倦怠」，一種喪失做任何事的動力的倦怠，也可以是「基本的倦怠」，讓人寧靜和放鬆，因而開啟另一扇窗口。前者是「沒有能力做一些事」，而後者是「什麼都不做」，擺脫日常生活的擔憂，找回生命裡的空檔時間。

這個社會圖像的描述太生動了，也太理所當然了。對於想知道自己為什麼喪失「現實感」、為什麼這麼累的讀者而言，這個描述就像是精神分析師的診斷。雖然作者的論證太過跳躍，對現象的描述太簡化，許多錯綜複雜的哲學問題也都只是浮光掠影，讓人讀起來不禁懷疑，真的是這樣嗎？

首先，以免疫系統的自體和入侵病毒的模型解釋「自我」和「他者」的關係，雖然看起來很漂亮，卻也很片面。就人的世界而言，他者可以是遠古時代讓人敬畏的大自然，可以是聖經裡必須離絕的「外邦人」，可以是神祕難測的超越者，也可以是死亡，甚至是整個現象世界。而「自我」在不同的情境裡，也可以是指整體人類、種屬、民族、家戶、個人。因此，對於自我而言，他者可以是未知或不可知的、奧祕的、不確定的，也可能是充滿危險和恐懼的，更可能是被征服者，甚至是被建構起來的對象，知識的界限，更不用說是和自我對話的「你」，也就是互為主體的關係中的他者。在歷史裡、在科學裡、在存有學裡，自我和他者的關係如此繽紛多樣，即使是強調他者的否定性，也可以是動態發展的辯證關係，僅僅以自體和外來者的侵入和對抗的關係，很難說服人說那就是自我與他者的真實關係樣貌。

即使是強調仇外的免疫系統詮釋，也很難說現在就不合時宜了，意識形態、階級、種族、政治、性別和價值觀的對立，仍然構成社會裡處處聳立的高牆。人是否真的擺脫了「否定外來者」的免疫系統，轉而因為過度自我肯定而引發新的病症？無論是德國讀者，或是正在讀這本書的台灣讀者，心裡恐怕是存疑的。

雖說如此，作者的詮釋的確描述了部分的存在真相：當自我征服了他者，或是他者黯然退到幕後，失去否定性的自我肯定，一方面是拔劍四顧、失去戰場的戰士，因為他再也找不到敵人，到處都是相同者，都是我輩，而另一方面，他者的否定其實是自我定義自身的根據，因為斯賓諾沙（Spinoza）說：「一切定義都是否定。」有了界限，我們才得以認識自我；失去了界限，也就失去了定義，接踵而至的，自然是喪失了方向感和存在感，只剩下不知理由為何的自我的無限擴張。人類的這個命運並不只是反映在倦怠上，從神性存有者的除魅，科學的機械主義，到標準化、規格化的工業文明，人的存在層次越來越單薄，而那些原來的存在層次，都是由否定性的他者構成的。我們覺得很累，因為我們窮得只剩自己，被自己促迫不斷積極活動。但是另一方面，現代人類的思維並不是真正自由的、沒有外在條件限制的。誠如馬庫色（H. Marcuse）所說的，單向度的社會和思想以及無所不在的傳播，造成了單向度的人，使人喪失批判和超越的能力，在這個解釋下，現代人仍然受限於作為一個「他者」的工業社會技術文明。以現在社會觀之，實在很難說這樣的解釋典範真的如作者所說的悄悄過去了。

其次則是作者所說的功績社會是否真的取代了規訓社會，而現代社會裡的人真的如功績主義者所說的那樣，在機會平等的條件下各憑本事力爭上游？世界每個角落的社會流動真的通暢無阻嗎？「可能」真的取代了「不准」嗎？二十一世紀一開始就讓全球經濟跌一大跤，金融風暴讓我們看到：階級差異依然存在，貧富差距不斷擴大，中產階級正在消失當中，垂直流動的機會始終是個謊言；如果人不是因為病態的自由而無止境地競逐成就，而仍然是漢娜．鄂蘭（Hannah Arendt）所說的為生活條件而勞動的話，那麼現代人的倦怠就可能是另一種地景：人們同樣是為過勞和憂鬱症所苦，不過比較像是踩著滾輪原地打轉的倉鼠，向上流動對他們而言永遠是國家的神話和資本家的騙局。而且，如果說，倦怠不是因為自我的無盡競逐卓越和成就，那麼也就沒有所謂「基本的倦怠」，選擇什麼也不做的自由。人們的生活同樣厭煩和無聊，只不過他們不是因為過度肯定的自我失去了方向感，而是對生活屈服，放棄對自我和意義的追尋。

（本文作者現任職商周出版編輯顧問）

Müdigkeitsgesellschaft

倦怠社會

DIE NEURONALE GEWALT

精神暴力

每個時代都有它主流的疾病。如同在歷史上，曾經出現過病菌的時代。後來，抗生素的發明終結了這樣的一個時代。今天，我們已經不是生活在病毒的時代。但是，當我們面臨流行性感冒大肆流行的時刻，內心仍然會有強烈的恐懼。感謝免疫科技的發達，讓我們可以把對流感病毒擴散的恐懼拋到腦後。二十一世紀之初的流行性疾病，從病理學的角度來看，這類疾病既不是透過細菌，也不是透過病毒，而是經由神經元的病變所引起。神經元所引發的疾病，如憂鬱症(1)、注意力缺陷過動症(2)、邊緣性人格疾患(3)或者是身心俱疲症候群(4)，主導

1　譯註：憂鬱症，又稱「憂鬱性情緒失調」。生物學和生理學的研究發現，憂鬱症患者大腦中管控訊息傳送的神經傳導物質（一種化學物質）分泌低於正常人。因為這種化學物質分泌過少，使腦細胞間的訊息傳送發生問題，引發「憂鬱」的感受。

2　譯註：注意力缺陷過動症（ＡＤＨＳ），又稱「過度活躍症」；俗稱為多動症、過動兒、多動障礙。造成此一病症的原因目前仍無定論。有腦神經科學家曾以大腦負責抑制衝動與控制注意力區塊的葡萄糖量，進行患者與非患者的對照比較，發現患者的葡萄糖量明顯較非患者少。

了二十一世紀病理的樣貌。它們並非傳染病，而是一種因為組織壞死而造成的梗塞現象。這些現象並非肇因於免疫學上的否定他者（der Andere），而是因為過度活躍的「積極與肯定」（Positivität）所引發的。如此一來，以否定「外來者」為基礎的免疫科技，也將失去它現有的主導地位。

上個世紀是免疫防衛的時代，是一個裡面與外面，朋友與敵人，或是自身（Eigenem）與外來者（Fremdem）之間有著清楚界線的時期，甚至冷戰也是依循上述免疫防衛的思維模式在進行。而上個世紀免疫防衛，完全是由軍事上的部署指令（Dispositiv）所主導的思維模式，所使用的也正是冷戰的語彙。攻擊與防衛決定了免疫的行動。這種免疫行動的部署指令，從生物學的領域擴大到社會學，甚至擴及到整體社會的層面，但有個盲目的特徵：對所有外來的事物，都採取抵抗防衛的行為。免疫防衛的對象正是這種外來性。即便這個「外來者」並不懷有任何敵意，而且也沒有散發出任何威脅性，卻仍然會基於他的「他者性」

（Andersheit），而被排除在外。

最近出現了各式各樣的社會論述，很明顯套用了免疫學的詮釋模式。儘管免疫論述已經蔚為風潮，並不能因此就把這個現象作為當今社會的組織比過去更符合免疫標準的一種組織結構的象徵。事實上，當典範本身成為被反省批判的對象，往往也象徵著這個典範開始沒落。不久前，已經不知不覺發生了典範的轉移。冷戰結束之際，剛好就開始進行典範的轉移(5)。當前社會逐漸呈現全面擺脫免疫的

3 譯註：邊緣性人格疾患（BPS），又稱為情緒不穩定人格障礙，簡稱邊緣人格。邊緣人格患者對人際關係、自我形象、情感的表現極為不穩定；容易感到強烈的喜悅，也特別容易感到煩躁不安（dysphoria）或心理和情緒上的困擾。

4 譯註：身心俱疲症候群（BS），簡稱倦怠症，指的是長期處於壓力或生命的無聊感和無意義感中，容易對生活中的很多事提不起勁、缺乏興致，常有消化不良、精疲力竭、憂鬱、焦慮或急躁易怒等症狀。

5 有趣的是，社會學與生物學的論述之間存在著微妙的關係。科學無法免俗地採用「部署」這個概念，雖然這個概念並非是科學原有的。冷戰結束後，醫學上的免疫學也發生典範轉移的現象。美國免疫學家波莉・馬清格（Polly Matzinger）捨棄了冷戰時期舊有的免疫學典範。根據她的免疫模式，免疫系統不再區

組織與防禦思維的座標，這些現象全都透過「他者性」和「外來性」的消失呈現出來。「他者性」是免疫學的基本範疇，因為任何免疫的反應，都是一種對於「他者性」所產生的反動。不過，現在卻將「他者性」視為是「差異性」（Differenz），因而不會對它產生任何的免疫反應。後免疫學時代，也就是後現代的「差異性」，不會讓人難以忍受，就免疫的層面而言，它們是「相同者」（das Gleiche）(6)。「差異性」同時意味著缺少了「外來性」所產生的刺痛感，那麼一來，強烈的免疫反應也可能因此消失。「外來性」除去了原有的尖銳性，而成為消費經濟計算公式的權數，「外來者」被美化為是具有異國情調的人。「觀光客」可以恣意地四處旅遊，因為觀光客或消費者並不是「免疫防衛要攻擊的對象」。

甚至，連義大利哲學家艾斯波西特（Roberto Esposito）(7)的免疫理論，也立論在一個錯誤的假設上。他認為：「過去幾年，隨便挑一天，都能在報紙上，甚至是同一個版面上，找到表面上看來是不同事件的報導，比如，對抗新的流行性疾病的擴散，反對被控傷害人權的外國元首引渡的申請，加強打擊非法移民入境的措施，以及剷除最新型電腦病毒的策略，這些不同現象之間有什麼共同之處？一點也沒有，只要人們仍然保持獨立閱讀不同版面（如醫藥、法律、社會政策和電腦科技）的習慣，就不會發現它們相互關聯的地方。不過，這些事件的意義將隨

分「自我」和「非自我」，自身和外來者或是他者，而是「友好」與「危險」。免疫防衛的對象，不再是外來性或他者性之類的對象。免疫防衛只攻擊那些對自身具破壞性行為的外來入侵者。在這個觀點下，只要外來者不對自身形成威脅，免疫防衛系統就不會對它們採取任何行動。根據馬清格的看法，「生物」的免疫系統，比至今人們對於這個系統所認定假設的，更為好客。因為它們不懂得所謂的仇外心理，也就是說，它們比懷有仇外心理的人類社會更加聰明。這種仇外心理是病態且過度的一種免疫反應現象，而這對自身的發展是有害的。

6 海德格的思維也具有免疫學特性，因為他堅決不採納相同者的概念，並以「同一者」（Selbe）來取代。與相同者不同之處在於，同一者具有每一個免疫反應都立基於其上的內在性。

7 譯註：艾斯波西特是義大利當代重要的哲學家，他主要關注的主題是生物政治學（bio-politic）。主要著作的三部曲為：《社群：社群的起源和命運》（Communitas. Origine e destino della comunità, Einaudi, 1998）、《免疫：生命的保護和否定》（Immunitas. Protezione e negazione della vita, Einaudi, 2002）、《生物：生物政策和哲學》（Bios. Biopolitica e filosofia, Einaudi, 2004）。

著詮釋的範疇而有所改變。詮釋的範疇本身的特殊性，正好具備了橫向切斷它們各自獨立的用字遣詞、然後將它們只集中在同一個意義視域（Sinnhorizont）上的能力。就如同本書的標題，很明顯的，我將它的範疇設定在「免疫化」（Immunisierung）。〔……〕然後，上述所提及的事件，在不考慮用字措辭上的異質性（Dishomogenität）下，全部可以歸結到一種面對危機的自我保護反應。」[8]艾斯波西特指出的這麼多事件中，沒有一樁事件能夠證實我們仍然身處一個免疫防衛的年代。即使所謂的移民者，也不是現今免疫防衛上的「他者」，更準確地說，不是「外來者」。因為「外來者」有可能會帶來真正的危險，或是會讓人產生恐懼；移民者或難民通常比較像是社會的負擔，而不是社會的威脅。電腦病毒的問題，也不再被歸為龐大的社會惡意。艾斯波西特之所以會如此認為，並非偶然。因為他分析免疫時所引用的資料，並不是當今社會現有的問題，幾乎完全是過去的資料。

然而，免疫學的典範和全球化的進程並不一致，因為引起免疫反應的他者性，在去除疆界的過程中消失了。依照免疫學所建構的世界，有著一種特殊的地誌景觀（Topologie），也就是由邊界、緩衝地帶和邊界柵欄，透過籬笆、壕溝和圍牆清楚標誌著，這些地誌標示有效阻止了全面性的交換和交流進程。現今，普遍的濫交（Promiskuität）涵蓋了所有的生活領域，而這和缺乏引發免疫反應的他者性，兩者是互為因果的。雜交（Hybridisierung），不僅是當今主流文化理論的論述，也完全支配著今日的生活方式，這與免疫化的概念背道而行，因為免疫學上的「超敏反應」（Hyperästhesie）[9]不容許有雜交的情形。

否定辯證法是免疫力的基本特徵。免疫學上的他者就是否定，他者滲入了自

8 Roberto Esposito, Immunitas. Schutz und Negation des Lebens, Berlin 2004, S. 7.

9 譯註：即「感覺增強」。指的是病患對一般強度的刺激反應有特別強烈和敏感的反應，例如覺得陽光特別刺眼，聲音特別刺耳，連輕微的皮膚接觸都會感到相當疼痛而難以忍受。

身，進而尋求否定自身。當自身沒有能力否定他者時，會被他者否定而毀滅。自身免疫性的自我防衛，確切地說，是以否定的否定的方式進行。自身透過否定他者的否定性自我保衛。即使是免疫預防，即疫苗接種，也是遵循否定辯證法的法則。只需給予自身他者的微量刺激因子，就可以誘導出免疫反應。否定的否定在這種情況下，沒有引起死亡的危險，因為免疫預防不需要面對他者本身。人們心甘情願接受一點暴力，使自己在面對可能致命的較大暴力時，獲得保護。他者性的消失，意味著我們生活在否定性貧乏的時代。儘管二十一世紀的神經疾病依然跟隨辯證法的法則，但不是否定性的辯證，而是肯定性的辯證；它們是「過度肯定性」下產生的病理表現。

暴力的引發，不僅經由否定性，還透過肯定性；不僅來自他者或外來者，也來自「相同者」。法國社會學家暨哲學家布希亞（Jean Baudrillard）明白指出這種肯定性的暴力，他寫道：「誰依靠相同者而存活，也將在相同者中喪生。」[10]

布希亞還談到所有當前制度的肥胖症，包括資訊、通訊傳播、生產制度。不過，目前針對脂肪，還沒有相對應的免疫反應機制。布希亞以免疫學的觀點解釋，「相同者」極權主義理論的弱點在於：「目前有這麼多關於免疫、抗體、移植和唾沫等議題的討論絕非偶然。在一個匱乏的時代，人們會致力於吸納和適應；而在一個過剩的時代，就會有拒絕和排斥反應的問題。目前，廣泛的通訊傳播和過度資訊，將威脅到整體人類的免疫力。」(11)在一個由相同者支配的系統裡，只能以很隱喻的方式去談論免疫力。免疫防衛系統經常是對抗他者，或者更確切地說，是對抗外來者，而相同者並不能誘發抗體形成。在一個由相同者支配的系統中，增強免疫力則變得沒有多大的意義。我們必須清楚區分免疫和非免疫排斥反應的差別，這種差別也適用於區隔「相同者太多」與肯定性過多的情形。非免疫的排斥反應指的是，在沒有否定性參與的情況下，所產生的一種沒有免疫實質內涵的排

10 Jean Baudrillard, Die Transparenz des Bösen. Ein Essay übere extreme Phänomene, Berlin 1992, S. 75.

11 同上，S. 86。

斥反應。相反地，免疫的排斥反應指的是，對他者所產生的一種否定性的反應，這種反應與他者的數量無關，即便只有極微量的他者，免疫主體內在本有的免疫機制仍會啟動，會將他者擋開，並「排除在外」。

引發肯定性暴力行為的因素，不再是「會致病的病毒」，而是起因於過度生產、過度負荷或是過多的通訊傳播，因為免疫防衛的機制並沒有提供這類行為相對應的可能路徑。當人們在受到過多肯定性的撞擊和刺激時，並不會出現「免疫防衛的反應」，而是有「消化性神經功能異常」和「障礙」的現象。疲倦、疲憊[12]和窒息感都是由於「過多」造成的，並非是免疫防衛的反應，而是「神經暴力」引起的現象。也就是說，「神經暴力」並不是病毒所引起的，因為無法在免疫的否定性中找到引發這種現象的原因。布希亞的暴力理論之所以充滿扭曲和模糊的論證，是因為他試圖在沒有他者性參與的肯定性或相同者的暴力中，描述免疫防衛。他寫道：「那些網路和虛擬世界，都是病毒性的暴行。溫和毀滅、基因遺傳和通訊傳播的暴力行為，還有共識的暴力〔……〕。這種暴力是病毒性的，在這個意義下，它不直接正面行動，反而是經由傳染、鏈鎖反應，以及消滅所有免疫防衛等等。同樣在這個意義下，它不同於否定和具有歷史意義的暴力行為，而是經由過多的肯定性所引發的，就像是透過無休止的增殖、生長和轉移的癌細胞。在虛擬世界和病毒式傳播之間有著一種不可思議的關聯性。」[13]

根據布希亞在《恐怖主義的精神》一書中所描述的敵對關係系譜學，第一個階段的敵人像狼一樣出現，它是「一個外部的敵人，主動採取攻擊。人們為了對抗攻擊，會建立基地和架築高牆以自我防衛」。[14]第二個階段的敵人以老鼠的形式出現，是躲在背地裡的敵人，殲滅它們的方式是保持清潔衛生。再下一個階段，

12 編按：原文中Müdigkeit一詞及相關概念，會視行文脈絡，以倦怠、疲倦、疲憊、疲累等詞彙詮釋。
13 同上，S. 54。
14 Jean Baudrillard, Der Geist des Terrorismus, Wien 2002. S. 85.

敵人就像是甲蟲一般。最後一個階段的敵人，形式則是類似病毒：「第四個階段的敵人，幾乎就像活躍在第四次元的病毒。面對病毒，人的自我防衛能力就遜色許多，因為它們就處在整個體系的核心。」[15]出現了「鬼魅般的敵人，蔓延至整個星球，就像病毒無所不在，不斷滲透，滲入所有權力的縫隙中」[16]。病毒性的暴力以恐怖分子之姿潛伏在系統中，並試圖從內部進行破壞。根據布希亞的描述，恐怖主義作為病毒暴力的主角，以單打獨鬥的方式進行全球性的抗爭。

敵對關係即使以病毒的形式出現，依然遵循著免疫防衛的思維運作，也就是具有攻擊敵意的病毒，會滲透到免疫防衛的運作和抵抗病毒入侵的系統中。「敵對關係的譜系」和「暴力的系譜」並「沒有同時出現」，肯定性的暴力並未以敵對關係為前提，因為它是在一個寬容和自足的社會中拓展開來的。因此，和病毒性的暴力相比，不是那麼顯而易見。它們共同生存在一個不具有否定性的相同者空間，在其中並無敵人和朋友、裡外、自身和外來者兩極化的區隔。

世界的肯定化產生了新形式的暴力，它不是從免疫防衛的他者出發，反而是源自於系統自身的內在性，正因為基於它的內在性，我們無法稱它為免疫性的防衛。那種神經暴力將導致心理上的自我攻擊，是一種「內在性的恐怖行動」，完全有別於肇因於「外來者」所引發的免疫防衛意義上的恐懼。美杜莎[17]大概是最後攀登上免疫防衛體系的他者。她代表一個極端的他者性，人們無法正視她，但也因此，沒有人因她而死亡。神經暴力的行為，可以避開任何免疫防衛會攻擊的外觀，因為它不具否定性。肯定性的暴力不是剝奪排斥，而是飽和滿足，不是單

15 同上，S. 86。
16 同上，S. 20。
17 譯註：美杜莎（Medusa）是希臘神話中的女妖，原本是侍奉智慧女神雅典娜、相貌相當美麗的祭司。因觸犯戒條，被雅典娜詛咒而變成滿頭毒蛇、極醜的妖怪。美杜莎因為自己的美貌被毀，心生怨恨，經常露出凶狠的目光，凡是和她有目光接觸的人，尤其是男人，都會立刻變成石頭動彈不得。宙斯的兒子柏修斯在屠殺美杜莎時，使用盾牌避開她的目光，用劍將她的頭砍下。「美杜莎」一詞後來用來指稱「極為醜陋的女子」，其頭像則被視為極具法力的辟邪物。

一，而是全面，所以不是可以直接感知到的狀態。

病毒性暴力的概念並不適用於神經性疾病的描述，如憂鬱症、注意力缺陷過動症或身心俱疲症候群，因為它仍遵循免疫思維的架構，以裡外、自身和外來者，以及一個對系統有敵意的單一性或他者性作為前提。神經的暴力不是從一個系統外來的否定性開始，比較像是「系統的」暴力問題，也就是系統內在本有的暴力問題。不管是憂鬱症，還是注意力缺陷過動症或身心俱疲症候群，全指向是過度積極的肯定性造成的。身心俱疲症候群則是自我被來自「過多相同者」形成的過熱現象所燒傷。而注意力缺陷過動症中「過度亢奮」的現象，並不屬於免疫防衛的範疇，它呈現的只是「積極肯定的庸俗化」。

JENSEITS DER DISZIPLINARGESELLSCHAFT
規訓社會的彼岸

法國哲學家傅柯（Michel Foucault）曾在他一系列的著作中分析由醫院[18]、瘋人院[19]、監獄[20]、營房和工廠形塑而成的規訓社會（Disziplinargesellschaft），但這樣的論述已經不再適用於當今的社會。當今社會所在之處，早就由完全不同的機構分隔開來，也就是一個由健身房、辦公大樓、銀行、機場、購物中心和基因實驗室建構的社會。二十一世紀的社會不再是規訓社會，而是功績社會（Leistungsgesellschaft）。這個社會的居民也不再叫作「服從主體」（Gehorsamssubjekt），而是「功績主體」（Leistungssubjekt），其表現像個企業家。規訓機構的牆，在正常的空間裡將非正常的世界分隔

18 譯註：《臨床醫學的誕生》（Naissance de la clinique: une archéologie du regard médical），一九六三年出版，是傅柯第二部重要的著作，探討醫學和醫院發展的歷程。

19 譯註：《古典時期瘋狂史》（Histoire de la folie à l'âge classique - Folie et déraison），一九六一年出版，是傅柯的第一部重要著作。

20 譯註：《規訓與懲罰》（Surveiller et punir: naissance de la prison），一九七五年出版。

開來，直到現在仍發揮不合時宜的影響力。傅柯的權力分析無法描繪出物理和拓撲[21]的變化，也就是貫穿規訓社會如何變遷到功績社會的歷程。甚至傅柯經常使用的概念「監控社會」（Kontrollgesellschaft），也不適用這個變遷歷程，因為它仍含有過多的「否定性」。

規訓社會是一個否定性的社會，是由禁令的「否定性」所規範。主導否定的情態動詞是「不可以－不允許」（Nicht-Dürfen），「應該」（Sollen）也帶有強迫意味的否定性。功績社會擺脫越來越多的「否定性」，並持續解除管控，漸漸將「否定性」給揚棄。無遠弗屆的「能夠」（Können）是功績社會肯定的情態動詞。肯定的集體複數，「是的，我們可以辦到！」正足以表達功績社會的肯定性特質。禁令、誡條或法令的領域則是被專案計畫、自發性行為和內在動機所取代。規訓社會依舊充斥著「否定的回覆」，它的否定性製造出瘋子和罪犯，相形之下，功績社會則產生憂鬱症患者和失敗者。

從規訓社會到功績社會的典範轉移，就某個層面而言，有一股重要的連續性，潛藏在「社會集體的潛意識」（gesellschaftlich Unbewussten）中，很明顯那就是致力於生產極大化的衝動。當生產力達到某個特定點，規訓的技術，也就是禁令的否定思維架構，便很快達到極限。為了提高生產率，規訓化的典範將被功績式的典範，也就是被「能夠」的肯定思維架構所取代。因為達到了某種程度的生產力之後，否定性的禁令將中斷並阻礙進一步的提升。「能夠」的肯定性比「應該」的否定性來得更有效率。所以社會集體潛意識的開關，自然而然就由「應該」轉換到「能夠」。雖然功績主體比服從主體來得更快速、更有生產效率，可是「能夠」取得主導地位的同時，並不會因此使「應該」失去它原有的地位。因為，功績主體依然可以保持在規訓的狀態，但是又能將規訓監控的場域拋諸腦後。「能夠」提高了生產的水準，而這個「能夠」，事實上是透過規訓的技術，也就是「應該」

21 譯註：拓撲學主要是在探討連續性的變化中，不同變數如何使原有的結構產生形變的現象。

的無上命令，獲得了正當性。就提高生產率而言，在「應該」和「能夠」之間並沒有斷裂，反而有連續性。

法國社會學家艾倫貝格（Alain Ehrenberg）[22]認為，憂鬱症是規訓社會轉型到功績社會的過渡階段中出現的一種症狀：「憂鬱症的高峰期是從行為控制的規訓模式時期開始的，在這段時間裡，透過威權和禁令分配社會階層和兩性的角色，塑造有利於正常萌芽發展的條件，而所謂的正常，就是要求每個人採取自動自發的行為：每個人都有義務，去成為他自己。〔……〕憂鬱症患者並不全然過著地獄般的苦難生活，他只是拚命努力成為自己，而把自己弄得精疲力竭。」[23]艾倫貝格只是從自我管理的角度，討論憂鬱症形成的原因，這樣是相當有問題的。他認為社會的無上命令——只有自己歸屬於自己，是造成憂鬱症的原因。對他而言，憂鬱症是一個想要成為自己的晚期現代人遭受挫敗的疾病症狀。不過，也正因為人際連結的貧乏，導致憂鬱症的發生（其特徵是社會關係日漸殘缺破碎和孤立封閉）。但是，艾倫貝格並沒有從這個觀點討論憂鬱症的形成，也忽略了存在於功績社會中「系統性」的暴力，這樣的暴力引發了「心理的自我攻擊」。因此，不只是自我歸屬的無上命令，還有「成就壓力」也造成精疲力竭的憂鬱沮喪。從這個角度來看，身心俱疲症候群表達的不是精疲力竭「本身」，而比較像是疲憊不堪、被燒毀的心靈。按照艾倫貝格的看法，憂鬱症廣泛流行於因誡條和禁令導致自我負責和自發性行為偏離的規訓社會。然而，在現實生活中，過度有責任感和自發性行為並不會使人生病，反倒是作為晚期現代工作社會的新「誡條」（績效成就的無上命令）會讓人生病。

艾倫貝格錯把當今的人類類型與尼采主權獨立的人相提並論：「主權獨立的

---

22 譯註：艾倫貝格在他出版的《精疲力竭的自我》（法文：La Fatigue d'être soi-dépression et société, 1998；德文：Das erschöpfte Selbst. Depression und Gesellschaft in der Gegenwart, 2008）中，解讀憂鬱症不同的病症圖像。

23 同上，S. 14 f。

人，與自身是相似的，尼采曾預示他的出現，也就是說，他將從概念轉變成為集體的現實。在過去的歷史裡，沒有什麼關於他的記載，可向他透露他曾經是誰，因為他聲稱他只屬於自己。」[24]其實恰巧相反，尼采反而會認為那些從概念轉變成集體現實的人類類型，不是主權獨立的超人，而是那個只會「勞動」的最後的人。[25]新型的人類，只是毫無保留地提供過度的「積極正面性」，完全缺乏尼采所說的主權獨立性。憂鬱的人像是「勞動動物」（animal laborans），那種會剝削自己的動物。更確切地說，他們之所以這麼做，是心甘情願的，完全沒有任何外來的威脅逼迫，他們同時是施暴者，也是受害者。「自身」，確切地說，仍然屬於免疫學的範疇。雖然憂鬱擺脫了免疫防衛那種形態的思維架構，但是在掙脫的那一刻，功績主體便不再「具有能力」。憂鬱一開始是「創造力」和「能力」露出疲態。憂鬱的人會抱怨：「沒有什麼是可能的。」但這種情形只有在一個相信「沒有什麼是不可能」的社會才可能出現。自身的能力達到極限的狀況下，仍然要求自己做出成果或貢獻心力（Nicht-Mehr-Können-Können，亦即「不再能夠的能夠」），將引發破壞性的自我譴責和自我攻擊行為，功績主體於是陷入與自身的戰爭中，而憂鬱症患者就是這場內在戰爭中的傷殘者。憂鬱症是人們深受過度積極正面之苦所引發的社會疾病，而它反映的，正是自己對自己發動戰爭的人性。

功績主體不受強迫他工作、甚至剝削他的外在統治機構的束縛，他是自己的主人，而且擁有獨立的主權。因此沒有人，也就是說，只有他自己可以使自己屈服，這一點和服從主體有很大的不同。但是外在統治機構的崩解也不會讓他因此獲得自由，還不如說，他會讓自由和威脅逼迫一起崩塌。因為功績主體會為了追求效能的最大化，讓渡出「強迫的自由」（zwingenden Freiheit）或「自願的強迫」（freien Zwang）[26]。過度勞動和追求績效，使自我剝削的情形更加嚴重，這比外

24 同上：S. 155。

25 尼采的「最後的人」將健康抬舉到女神的地位：「人們推崇健康。『我們發明了幸運。』最後的人如此說。」（Also sprach Zarathusthra, Kritische Gesamtausgabe, 5. Abteilung, 1. Band, S.14.）

26 自由在嚴格的意義上是和否定性連結在一起。它始終是被迫的自由，因為是由免疫的他者所觸發的。否定性被過度的積極正面性所取代，源自於否定的否定的辯證式自由，其強調重點也因而消失。

來者的剝削更加有效率，因為它與自由的感覺同時出現。剝削者，同時也是被剝削者，施暴者與受害者之間的區別，不再像過去一樣能清楚辨識。這種自我參照的情形，將衍生一種自相矛盾的自由，因為這樣的自由會將自我內在本有的強制性結構轉變成暴力。因此，功績社會的精神疾病，恰巧是這種自相矛盾的自由的異常和病態現象的外顯。

DIE TIEFE LANGEWEILE

深層的無聊

過度的積極正面也以過度的刺激、資訊和衝動表現出來，它徹底改變了注意力的結構和分配方式，感知也因此變得支離破碎、散亂而無法專注，再加上日益繁重的工作負擔，就必須發展出一種特殊的時間管理與專注技能，這項新技能反過來又影響了注意力的結構。新的時間管理與專注技能「多工作業」（Multitasking），絕非文明進步的展現，因為不是擁有了多工作業的能力，在晚期現代工作和資訊社會生活的人就能變得更能幹。多工作業反而比較像是一種能力退化的現象。多工作業在野生動物之中相當常見，而且是在荒野中求生存絕對必要的專注技能。

一隻正忙著進食的動物必須同時留意其他事情，例如和口中獵物的天敵保持距離，處處留心，以確保自己進食時不被吃掉。牠也必須同時小心翼翼守護後代，並緊盯著伴侶。在荒野中，動物被迫在同一時間，將注意力分散在各種不同的活動，所以無法處在沉思狀態中——既不是在進食，也不是在交媾中的狀態。動物不能處於沉思對手情況的狀態中，因為牠必須同時注意活動場域整體的背景。不僅是多工作業，還有多種活動，就如同電腦遊戲產生的寬廣、但膚淺的注意力，這種注意力和野生動物的警覺性很相似。最新的社會發展和注意力結構的變遷，使人類社會越來越像荒野之地，譬如在這段期間，霸凌不僅普遍，甚至氾濫了。原本人們關心如何擁有美好的生活（其中也包括和睦的共同生活），現在卻日漸關心如何存活下來。

我們能擁有沉思的專注力，得歸功於人類的文化成就，其中也包括哲學。文化的前提是一個能深度專注的環境。如今，這種深層的專注卻漸漸被一個完全不同形式的注意力（過度活躍的注意力）所擠壓。在不同的任務、資訊來源和過程之間，快速轉換焦點是這種分散式注意力的典型特徵。因為它對無聊是相當沒耐性的，即使是創造過程中可能相當重要的深層無聊也是一樣。班雅明稱這種深沉的無聊為一隻「從經驗的蛋孵出的夢鳥」[27]。睡眠時，當身體放鬆達到最高點之際，正是精神放鬆達到頂點的深沉無聊。純粹的喧囂忙碌，創造不出什麼新鮮事，只是不斷複製、加速現有的事物。班雅明抱怨，這種可以像夢鳥般放鬆和運用時間的鳥巢，在現代的生活中已逐漸消失，例如不再有人會去做「編織和紡織」之類的事。無聊是一塊「暖灰色的布，它的內襯是最炙熱、色彩最豐富的絲綢襯裡」，「當我們做夢的時候，把自己包裹在其中」。我們「在蔓藤花紋的裡襯中，找到屬於自己的歸宿」。[28]放鬆能力消失，我們便失去了傾聽的才能，傾聽者的社群也隨之消失。我們活躍好動的社群完全取代了傾聽者的社群，因為傾聽的才能正好根基於沉思的專注力，不給過動活躍的自我任何進入的可能性。

走路時感到無聊、且無法忍受這種無聊的人，將被心神不寧和坐立不安所圍

27 Walter Benjamin, Gesammelte Schriften Bd. II/2, Frankfurt a. M. 1977, S. 446.

28 Benjamin, Passagen-Werk, Gesammelte Schriften Bd. V/1, Frankfurt a. M. 1982, S. 161.

繞，或是不斷追隨各式各樣的活動。但是對於無聊多少有些容忍力的人，過一段時間後會體認到有可能是走路這類的活動讓他感到無聊，進而發明一種全新的運動。健走或跑步不是新的走法，只是一種加快速度的走路方式。跳舞或滑步則代表一項完全不同的運動，而且只有人類有辦法跳舞。也許是人在走路時，突然被一種深層的無聊感籠罩，經由這種無聊感的啟發，促使他把走路的步伐改為跳舞的步伐。與走路時筆直前進的步伐相比，舞蹈的華麗動作和步伐，是一種完全不符合績效原則的奢侈品。

「沉思的生活」（Vita contemplativa）這個議題，不應該再停留於它先前的論述方式。沉思的生活與存在經驗相連結，根據這種經驗，美麗和完美代表的是不變和永恆，並且超越了人類可理解的範圍。沉思生活的基調是對於事物感到「驚奇」，其中沒有任何可行性和程序。「驚奇」取代了笛卡兒新時代的「懷疑」。而沉思的能力沒有一定要和永恆不朽的「存在」連結在一起。正是懸盪滑動、不顯眼或浮光掠影，獨自揭示了深沉的冥思專注力。[29]只有停留在沉思狀態裡，才能進入漫長和緩慢。持續保持沉思的形式或狀態，才能擺脫過動症的影響。塞尚（Paul Cézanne）這位有著沉思專注力的大師，有一次甚至覺察到自己可以「看到」東西的氣味。要覺知到這種氣味的視覺化，需要深層的專注力。人處於沉思的狀態時，會走出「自己」並完全進入沉思的對象中。塞尚以沉思審視外在景觀的方式，被梅洛–龐蒂（Merleau-Ponty）描述為一種「忘物」（Entäußerung）或「忘我」（Entinnerlichung）的狀態：「一開始，他設法盡可能勾畫出清晰的地表外貌，接著目光就不再於地點上移動，僅僅直視，直到眼睛走出腦袋，一如塞尚夫人所言。〔……〕他說，外表景觀在我體內思考，我是它的意識。」[30]只有深層的專注力能固定住「漂移不定的眼睛」（Unstetigkeit der Augen），而「聚精會神」則

---

29 梅洛–龐蒂如此寫道：「我們經常忘記浮光掠影和多義的現象，以及我們透過它們直接接觸到它們呈現的事物。」(Maurice Merleau-Ponty, Das Auge und der Geist. *Philosophische Essays*, Hamburg 1984, S. 16.)

30 同上，S. 15。

能「限制天性喜歡四處晃動的手」。少了如此沉思冥想的聚精會神，目光會焦躁不安地四處徘徊，什麼也無法表達。藝術是一種「表達的行動」。甚至以意志取代「存在」的尼采也知道，一旦排除掉生命中每個冥想的元素，人類的生命將在致命的過動中結束：「由於缺少從容寧靜，我們的文明走向一個新的野蠻狀態。這種叫作心神不定的過度忙碌，受到前所未有的重視。所以，人類有必要修正現有的性格，也就是大規模強化沉思冥想的元素。」(31)

---

31 Nietzsche, Menschiliches, Allzumenschiliches I, Kritische Gesamtausgabe, 4. Abteilung., Bd. 2, Berlin 1967, S. 236.

VITA ACTIVA
積極行動的生活

在美籍猶太哲學家漢娜・鄂蘭（Hannah Arendt）的《人的境況》[32]一書中，以「積極行動的生活」（Vita activa）取代傳統占首要地位的「沉思的生活」，試圖恢復它在歷史上應有的地位，並且重新闡述它內在多樣性的意義。她認為積極行動的生活在傳統中被不公平地降級為單純的焦躁不安（Unruhe）[33]，故以行動的首要地位來重新

32 譯註：德文書名為Vita activa oder Vom tätigen Leben，英文版書名為The Human Condition，中文版書名為《人的境況》。在書中，漢娜・鄂蘭將人類的活動分為三種，分別是勞動（Arbeiten）、製造（Herstellen）與行動（Handeln）。勞動（Arbeiten）指的是為了維持生命，從事短期所需物品的生產。製造（Herstellen）的目的是生產能較長期保存的物品。行動（Handeln）的目的是創造有關人物與事蹟的相關紀錄。

33 與鄂蘭所述有所不同的是，在基督教的傳統，也強調不可以片面過著「沉思的生活」。更確切地說，應該致力於「積極行動的生活」和「沉思的生活」的調和。就像天主教的聖者格里高利（Gregor）曾寫道：「你必須知道：如果渴望美好的生命進程，就要從積極主動的生活逐漸轉為沉思冥想的生活。之後，當靈魂從沉思冥想的生活再度回到積極主動的生活中，那將永遠受用。因為，由沉思冥想在心中點燃的火焰會帶給日常的工作活動全面性的完善。所以，我們必須將自己從積極主動的生活引導到沉思冥想。沉思冥想

定義積極行動的生活。因此就像她的老師海德格一樣，鄂蘭也致力於研究英雄式的行動主義。海德格早期主張對死亡採取果斷行動。死亡的可能性增加了行動的難度，最終得以獲得自由。相反地，鄂蘭則將行動的可能性定位在出生，因為出生可給予行動更多英雄式的歡呼和讚嘆。人類的誕生本身就是一項奇蹟，那是人類在新的起點上，憑藉呱呱落地的力量親力實現的。奇蹟引發了相信，在相信的立場上，進而採取行動。現在，奇蹟促成了英勇的行動，生而為人，都有義務採取這樣的行動。行動因此具備了近似宗教的面向(34)。

依照鄂蘭的看法，現代社會作為勞動的社會，將人降格為「勞動動物」、工作的動物，將使行動的每個可能性化為烏有。行動積極促成了新的生命進程。相反地，現代人被動提供了匿名的生命過程，思考也退化成大腦運算的功能。積極行動的生活的所有形式，不僅是生產，也包括行動，都降低至勞動的水準。近代（Neuzeit）初始時，人類各種能力都發揮得活躍英勇，令人難以置信，但鄂蘭卻看到這個近代將在致命的被動性中結束。

鄂蘭有關「勞動動物」勝利的解釋，禁不起最近社會發展的檢驗。她聲稱，現代個人化的生活「完全淹沒在主流生命過程的洪流中」，唯一積極、個別的決定，僅見於「放棄自己本身的同時，也放下個性」，以便在勞動社會中能夠「運作」得更好。(35)工作社會絕對化與人類社會的發展息息相關，「在社會興起和擴張的

從我們內在的自我觀照出發，然後，又將我們帶回到日常積極活動的工作中。」（引自Alois M. Haas, Die Beurteilung der Vita contemplativa und active in der Dominikanermystik des 14. Jahrhunderts, in: Arbeit Muße Meditation, hrsg. von B. Vickers, Zurich 1985, S. 109-131, hier: S. 113。）

34 人類的出生本身就是奇蹟，並且憑藉著誕生，給予人類一個以具體行動實踐的新開始。〔……〕我們可以對世界有信心、對世界懷有希望，莫過於聽到耶誕節「報佳音」的聖歌隊宣布：「我們有一個孩子出生了！」也許沒有比這個場景更加簡潔有力和美好。（Hannah Arendt, Vita activa oder Vom tätigen Leben, München 1981, S. 317.）

35 同上，S. 406。

終點，將實現人類的物種生活（Gattungsleben）作為唯一絕對的目標。」(36)鄂蘭甚至相信，「人類正準備將自己變成達爾文所指的動物物種」(37)這個危險的信號能夠因而熄滅。她認為，當人們從宇宙中夠遠的地點，仔細觀察所有人類的活動，就不再視它為活動，而是當作生物歷程短暫的顯現而已。而置身外太空的觀察者全身裝備越來越機動化，亦彷彿歷經生物突變過程，也就是人類身體漸漸像蝸牛一般背著鐵殼。這種狀況就像細菌在面對抗生素時，產生抗藥性的突變反應。(38)

鄂蘭所描述的現代勞動動物，並不符合我們在當今功績社會觀察到的現象。晚期現代的勞動動物完全不受自身的個性或自我所擺布，才能隱姓埋名在物種生命過程中繼續工作。勞動社會逐漸個性化，具有功績社會和活躍社會的特徵。晚期現代的勞動動物幾乎面臨撕裂崩解的自我，但是這有別於被動的生活。如果人放棄自己的個性，完全進入物種的過程，至少會有動物般的泰若自然。更準確地說，晚期現代的勞動動物有別於一般動物，全因為他過動、過度神經質。至於為什麼晚期現代的職業全都下降至勞動的水平，為什麼人類生活變得如此緊張忙碌，必須尋求另一種解答。

現代人喪失了信仰，不僅是崇拜上帝或相信來世，還影響了對現世生活的態度，人類的生命也因此顯得極為短暫易逝。人類從來沒有像今天有這般強烈的易逝感。短暫易逝的不僅是人的生命，還有整個世界。沒有什麼事物可以保證持續不變。面臨這種缺乏「存在感」所引發的神經質和焦躁不安，物種的歸屬可協助這種不斷勞動的動物，獲得動物才有的寧靜與放鬆。晚期現代的自我相當孤立無援。宗教也被降格成為一種擺脫對死亡的恐懼，並帶出永恆感的塔納托斯技巧

36 同上，S. 409。
37 同上，S. 411。
38 同上。

（Thanatotechnik）。[39]普遍去敘事化的世界增強了短暫易逝的感覺，生命只剩下赤裸的身軀。工作本身就是一個毫無遮掩的赤裸活動，赤裸裸的勞動正巧與赤裸生命的活動相互呼應，純粹的勞動和純粹的生命相互依存。由於缺少具敘事性的塔納托斯技巧，進而強迫純粹的生命必須保持健康。尼采說過，上帝死亡之後，健康會被抬舉到女神的地位。如果有感知的地平線，這條地平線將會超越赤裸的生命，在這種情況下，健康不可能絕對化。

赤裸作為「神聖之人」（Homo sacer）的生活是當今人類生活的寫照。神聖之人最初的意思是，因為犯罪被驅逐出人類社會的人，無法受到法律的保護。任何人都可以將他殺死，而不會受到懲罰。依照義大利哲學家阿岡本（Giorgio Agemben）的看法，神聖之人是一種絕對可被殺死的生命。對他來說，「神聖之人」也包括集中營的猶太人、被關在古巴關塔納摩監獄（Guantanamo）[40]的囚犯、非法移民、尋求庇護的難民。這些人在沒有法律保護的情境下，等著被驅逐出境。

此外，加護病房中被許多管線纏繞、苟延殘喘的病患亦在此列。如果晚期現代的功績社會，將我們「所有」人壓縮到只剩一絲不掛、赤裸裸的生命，那麼不僅是處於社會邊緣或特殊狀態的人、被排除在外的人，所有人都毫無例外成了神聖之人。不過這類神聖之人有別於先前提到的，他們不是絕對可被殺害的對象，而是絕對不可被殺害的對象，因為他們彷彿是「永恆不死的人」（Untote）。在這裡，sacer 這個詞的意思不是「詛咒」，而是「聖潔」。現在，赤裸、純粹的生命本身就是神聖的，應該不惜代價加以維護。

人們以過度的活動、歇斯底里的勞動和生產，來回應變得赤裸而極為短暫易逝的生命。現今加速的生活，甚至有很大一部分與這種缺乏存在意識有關。勞動

39 譯註：塔納托斯（Thanato）是希臘神話中住在冥界的死亡之神。

40 譯註：古巴東南方的關塔納摩灣有一個美國的海軍基地，收留了古巴和海地難民，還關了美軍在阿富汗與伊拉克逮捕的恐怖活動嫌疑犯、通緝犯和戰俘等。

社會和功績社會並非自由的社會，它製造了新的強迫性。主人和僕人的辯證法到最後推導而出的結果，並不是每個人都是自由人、都可以享受閒暇的社會。相反地，主僕的辯證法將社會發展導向一個勞動社會，主人自己也成了工作的奴僕。在這個具有強迫性的社會，每個人被迫隨身帶著他的勞改營（Arbeitslager）。這個勞改營的特點在於，人們同時是囚犯和看守員，是受害者，也是肇事者。人們用這種方式自我剝削，即使在沒有主人的情況下，剝削也成為可能。深受憂鬱症、邊緣性人格疾患或身心俱疲症候群之苦的人身上出現的病症，和集中營裡伊斯蘭教徒的症狀很類似。全身無力、瘦弱不堪的囚犯，有如患了嚴重的憂鬱症，變得麻木不仁，無法區分身體的寒凍和獄卒的命令。我們不得不懷疑和聯想：晚期現代帶有神經障礙的勞動動物，就跟這些伊斯蘭教徒一樣，兩者的差別僅在於，晚期現代的勞動動物吃得很好，經常有著肥胖的身軀。

漢娜·鄂蘭在《人的境況》的最後一章處理的是勞動動物勝利的議題。針對社會未來的發展，鄂蘭並未提出具體有效的替代方案，只無關痛癢地指出，目前採取行動的能力，僅侷限在某些部分。不過，她在這本書的最後幾頁，卻直接點名思想的重要性。思想受到消極負面的社會發展的傷害最小。雖然她依然主張世界的未來不是取決於思想，而是取決於人類行動的力量，但思想對人類的未來並非不重要，因為在積極行動生活的活動中，思想最為積極有效，而且最為純粹。於是，她寫下了這樣的結語：「那些熟悉思考經歷的人，很難不同意羅馬共和國時期的演說家加圖（Marcus Porcius Cato）的名言〔……〕：『人從來沒有比看似什麼都不做的時候，來得活躍，也從來不會比一個人獨處時，更不孤單。』」結尾的這幾個句子，可視為鄂蘭對當前社會發展無計可施之下的權宜之計。那種可以「最純粹」表達「活動經驗」的純粹思想，可以傳達什麼訊息？特別強調活動，與晚期現代功績主體的過動症和歇斯底里，正巧有許多共同之處。鄂蘭在她的書中以加圖的名言作結，卻有引用錯誤的問題，因為這句話最原始的出處，應是羅馬共和時期的哲學家和雄辯家西塞羅（Marcus Tullius Cicero）的論著《論共和國》

（*De re publica*）。在鄂蘭引用的段落中，西塞羅敦促他的讀者從「論壇」（Forum）和「熙熙攘攘的人群」（Gewühl der Menge），退回到沉思生活的孤寂中。所以，緊接在鄂蘭引述的加圖名言之後，西塞羅歌頌獨自一人進行生命沉思的活動。沉思的生活，才能使人類處在應有的存在狀態，不是積極行動的生活，而鄂蘭卻歌頌後者。加圖所說的孤獨沉思的生活，與鄂蘭不斷提及的「行動者的力量」彼此並不衝突。在《人的境況》末尾，鄂蘭不經意地談起了「沉思的生活」一詞。不過，她還是很隱晦地指出，正因為沉思能力喪失和積極行動的生活的絕對化有關，所以必須為現代積極活躍的社會的歇斯底里和神經緊張負起責任。

PÄDAGOGIK DES SEHENS
觀看的教育

沉思的生活必須以視覺的特殊教育為前提。在《偶像的黃昏》（*Götzen-Dämmerung*）一書中，尼采勾畫了教育工作者須擔負的三項任務：協助人們學習「看」、學習「思考」、學習「說話」和「寫作」。如尼采所說，學習這些能力的目的是培養「優雅的文化」。學習「看」的意思是，「讓眼睛習慣平靜、耐心，讓心靈完全進入事物自身的觀察」，也就是讓眼睛擁有沉思的專注力，而且能長時間、緩慢注視著事物，這種視覺的學習是「達到靈性狀態前置學習的第一步」。人們必須學習「『不要立即』回應一個刺激，而是有辦法馬上去阻止、去關閉本能的反應」。缺乏靈性、卑鄙下流，是因為「無能力抵禦外在刺激」，沒有能力對外在的刺激說「不」。立即反應並隨著每個衝動而行動，已經是一種病態，一種墮落沉淪，一種精疲力竭的徵兆。尼采無非是要再次強調沉思的生活的必要性。沉思的生活絕不會消極地自動開放，對來到眼前的一切和發生的事，一律說「是」。相反地，它會反抗蜂擁而至、不由自主浮現的刺激。與其說它的目光關注外在的刺激，還不如說對情境指揮若定。以說「不」來宣示主權的行為，顯示它比任何有精神耗弱徵兆的過動，還更積極活躍。鄂蘭忽略了積極活動的辯證，而此辯證在於，積極性過度激化，因而逆轉成過度被動，人置身其中，毫無抵抗跟隨每個衝動和刺激。與其說是獲得自由，還不如說它帶來了新的限制，讓人誤以為：人越積極活躍，就越自由。

如果沒有那些「關閉本能的反應」，行為就會散亂無章，變得躁動不安，造成過度反應和發洩。純粹的積極活動只是延長了現有的狀況，要真正轉換到另一種狀態，必須以中斷的否定性為前提。只有借助暫停所產生的否定性，行動主體才能擺脫純粹的活動的空間，在其他應變空間中緩慢地闊步行走。猶豫雖然不是正面的實際行動，但關鍵在於，這個行動不會下降至勞動的水準。今天，我們活在一個極度缺乏中斷運作、缺乏間隔及空檔的世界。快節奏的生活步調使空檔消失。尼采如此評註「積極有為的人最主要的缺點」這句警語：「一般而言，積極行動的人，欠缺的是從事更高層次的活動〔……〕就這個觀點而言，他們是懶惰的。〔……〕積極行動的人像石頭一樣，如機械般愚蠢地運作，不斷地滾動著。」[41]活動有不同的種類，其中一種依循機械般愚蠢運作的活動，缺乏暫停運作的機制。電腦這種機器是無法暫停的，儘管電腦擁有龐大的運算能力，當它缺少猶豫不決、遲疑的能力時，它很愚笨。

在全面加速和過度活躍的過程中，我們也忘卻了憤怒（Wut）。憤怒有特定的時間性，它的時間性無法和全面加速、過度活躍相容。後者不容許時間的距離，未來被壓縮成當下的延長。每一個容許目光駐足於他者的否定性，正是它所缺乏的。相反地，憤怒則完全質疑了當下，因為憤怒以中斷當下為前提，有別於生氣

41 Nietzsche, Menschliches, Allzumenschliches I, a.a.O., S. 235 f.

（Ärger）。普遍的散亂是當今社會典型的特徵，導致憤怒的重點和能量無法升起。憤怒是一種能力，能停止一個狀態，並「啟動一個新的狀態」，卻日漸被無法對決定性的改變產生影響力的不快（Ärgernis）或惱怒（Angenervtsein）取代。所以人們會對一件不可避免的事發脾氣。生氣導致憤怒，如同害怕（Furcht）導致焦慮恐懼（Angst）。有別於指涉特定對象的害怕，焦慮恐懼是「這樣的一種存在狀態」（Sein als solchem），席捲、震撼了「整個」的此在（das ganze Dasein）。同樣地，憤怒指涉的並非單一事項，而是否定整體，並因此產生了否定性能量。它代表的是一個例外狀態（Ausnahmezustand）。世界日益正面化、積極化，使它缺乏例外狀態。義大利哲學家阿岡本忽略了這種正在增長的正面積極性。與他的診斷相反，例外狀態去除了所有的限制，現在變為正常狀態，因為社會普遍的積極化吸納了例外狀態。因此，正常狀態就變成當今社會的總和數。正由於世界日益正面積極化，使得「例外狀態」或「豁免權」（Immunitas）等概念受到了特別的關注，然而不表示這些概念目前迫切受到需求，反而表示它們正逐漸消逝中。

社會中日益增加的積極正面性，也削弱了立基於否定性的情緒，如恐懼和悲傷。也就是負面的情緒。[42]如果「思考」本身擁有如「抗體的網絡以及天然的免疫防禦能力」[43]，那麼否定性的缺席，將使思考轉變成「運算」。眾所周知，電腦的運算比人類大腦運轉得更快，而且能夠接收大量資料，完全不會抗拒。因為電腦不受任何「他者性」的限制，它是一台積極主動的機器。那正是白癡學者的傑作，由於他自閉症患者般的自我參照，還有缺少負面性，才會做出那種只有運算功能的機器。在世界普遍積極化、正面化的過程中，不管是人類或社會，都變成了一台「自我封閉的效能機器」。也可以說，拚命致力於效能極大化，結果卻揚棄了否定性，因為否定性會減緩原本應該加快速度的過程。如果說人類這種生

42 不僅是海德格的「焦慮恐懼」，還有沙特的「嘔吐」都是典型的免疫防衛反應。存在主義的哲學論述強烈受到免疫學影響。自由之所以受到存在哲學的強調和關注，則和受到他者性或外來性的毒害有關。這兩本二十世紀的哲學巨著，剛好表達了人們生活在免疫時代的看法。

43 Baudrillard, Transparenz des Bösen, a.a.O., S. 71.

物具有「否定性的特質」，那麼世界全面的積極化，將導致相當危險的後果。根據黑格爾的見解，正因為否定性，才讓此在（Dasein）保持生氣蓬勃的狀態。

有兩種形式的力量：肯定的力量是做一些事的力量，否定的力量則是不做任何事，用尼采的話就是「說不」。但是，這種負面的力量有別於沒有能力去做一些事情的單純無能。無能只是肯定力量的反面，就這點而言，無能本身是積極正面的。當它與其他事物綑綁在一起時，就什麼也做不到。否定的力量則超出和其他事物綑綁在一起的正面積極性，是一股不作為的力量。如果沒有擁有不去感知的否定力量，而是擁有能感知事物的肯定力量，那麼感知會無助地釋放出一切不斷湧現和不由自主逼近的刺激和衝動。這麼一來，很有可能會缺乏「靈性」（Geistigkeit）。若只擁有做事情的力量，而沒有不做事情的力量，就會導致致命的過動症。人如果只具備思考事情的力量，思考力就會分散在一連串無止境的事物上。「反省沉思」也會變得不可能，因為肯定的力量，也就是積極過度，只允許「持續不斷向前思考」。

「無作為」的負面性，也是沉思的一項特點。舉例來說，禪修就是透過擺脫蜂擁而至、情不自禁不斷浮現的妄念，試圖達到「無作為」的純粹否定性，也就是空性。這是一個極為活躍的過程，完全有別於被動性。這種練習，讓人們在自身中達成主權獨立，置身在中心點。如果人們只有積極正面的力量，反而會完全處於被動的狀態，聽任客體的擺布。矛盾的是，過動症是一種不再容許自由行動、卻又處在極端被動的行為。它是一種片面絕對化的肯定力量。

DER FALL BARTLEBY
抄寫員巴托比的案例

美國作家梅爾維爾（Herman Melville）的短篇小說〈抄寫員巴托比〉（一八五三），經常是形上學或神學領域討論的作品[44]，也可以從病理學的角度解讀。這個「華爾街的故事」描寫一個沒有人性的勞動世界，裡面的人全被降格為「勞動動物」。文中詳盡描述了這家被高樓大廈緊密包圍、陰森森、充滿肅殺氣氛的律師事務所。離窗戶不到三公尺處，聳立著一道「高高的、在歲月的侵蝕和長年的陰影下變黑的磚牆」，有如一個被水井孔影響的工作環境，缺乏一種「生命力」（原文指風景畫家眼中的「生命力」）。這篇短篇小說經常提及的哀愁和悲傷，形塑了其基本氛圍。律師的助理們飽受各類神經症之苦。助理「火雞」，常被「不尋常、激動喧囂、混亂無章、漫無目的的忙

44 德勒茲如此寫道：「作為緊張性憂鬱患者和厭食者，巴托比不是病人，而是醫治病入膏肓的美國的醫生，是醫療者、新的救世主或是我們所有人的兄弟。」（Bartleby oder die Formel, Berlin 1994, S. 60.）

碌」搞得心神不寧。好勝心過強的助理「鉗子」，則是深受身心失調引起的消化性功能障礙所折磨，工作時經常咬牙切齒，氣呼呼地不斷咒罵。這兩位助理神經質的過度亢進和激動易怒，襯托了一個極端相反的形象——沉默、呆滯的巴托比。巴托比的症狀是神經衰弱的典型特徵。從這個角度來看，他的口頭禪「我寧可不做」（I would prefer not to），既不是「無作為」的否定力量，也不是為了表達「靈性」發展所必要的壓抑本能。這個口頭禪比較像是無精打采和冷漠，而這正是巴托比死亡的原因。

梅爾維爾所描述的社會，還停留在一個規訓社會。所以整篇故事由規訓社會架構的元素所貫穿，例如高牆和藩籬。「抄寫員巴托比」正是一個「華爾街（Wall Street）的故事」，牆（wall）是最常用的詞彙之一。「死牆」（dead wall）往往成為主角：「第二天，我注意到巴托比沒做什麼，只是站在窗戶，沉浸在他的死牆白日夢中。」巴托比一個人坐在一道隔板之後，經常心不在焉地看著死寂的磚牆。牆總是讓人聯想到死亡。[45]對於規訓社會，這點特別重要，所以梅爾維爾一再重複這個意象，比如有著厚實高牆的監獄，就是他所謂的「墳墓」。在那裡，每個人的生命熱情都被澆熄。巴托比最終也在墳墓裡落腳，死在完全的孤立和孤獨寂寞中。巴托比仍然是個服從主體，沒有晚期現代功績社會的典型特徵憂鬱症的症狀。自覺不足和自卑，或面對失敗的恐懼，都不存在於他的感受清冊裡。不斷自我譴責和自我攻擊，對他而言也是陌生的。他不需面對晚期現代社會典型的無上命令：必須做自己。巴托比不會在「做自己」的計畫中感到挫敗。機械式地抄寫是他唯一必須完成的工作，既不需要自發性行動，也不可能出現這樣的行動。巴托比生病的原因，不是過度的積極性或可能性。他承擔的壓力，不是晚期現代中「自我」已經開始拋掉的無上命令。抄寫只是一件不容許有自主性的工作，巴托比仍然生活在有明確慣例和體制的社會中。他不懂會導致憂鬱、沮喪的「自我

45 德文將之翻譯為「防火牆」或「黝黑的磚牆」，則完全失去了死亡的意涵。

倦怠」（Ich-Müdigkeit），也就是自我被過度消耗。

阿岡本忽略了病理學的觀點，以本體–形上學的角度來詮釋巴托比，這在敘事的條件上已然失敗，而且也沒有把當下的心理結構變化考慮進去。阿岡本把巴托比提升到代表純粹力量的形而上角色，這相當有問題：「在哲學的座標下，巴托比被歸類為一個抄寫員。作為已經停止寫作的封筆者（Schriftkundiger），他是催生出萬物世界的空無的極端形式，同時也是這個虛無在其純粹和絕對的力量中最無情的索求。當抄寫員變成寫字板時，從那時候起，他除了是自己的白板之外，什麼也不是。」(46)巴托比因此化身為「精神」、「純粹力量的存在」，就像還沒寫上任何字的空白寫字板一樣。

巴托比是一個跟自己無關、和他人也無關的角色。他的內心沒有這個世界，他心不在焉而冷漠。如果他真是一塊「白板」，那是因為他連結世界和感知的每個基礎都被掏空了。然而，巴托比倦怠、呆滯的眼神（朦朧無神的雙眼），已說明他不可能體現具純潔性的神聖力量。所以，阿岡本的見解不太有說服力。巴托比頑固地拒絕寫作，當他還有寫作能力時，他公開表達了徹底放棄「無所不能的力量」（potentia absoluta）的意願。因此，巴托比的拒絕具有諭示性及傳道意味，因為他體現了純粹「沒有頭銜的存在」。阿岡本讓巴托比化身為天使般的使者、報福音的天使，卻是「從虛無中宣說虛無」，也就是什麼也沒說。[47]阿岡本忽略了巴托比拒絕每件「差事」這件事。像他始終拒絕去郵局：「巴托比，我說，薑餅已經離開了，只差一步就到郵局，你不願意幫這個忙嗎？」〔……〕「我寧可不去。」這個故事眾所周知以奇怪的事後報告收尾：巴托比曾經短暫擔任郵局職員，負責「死者」的業務，也就是在「無法投遞郵件的辦公室」（Dead Letter Office）工作：「死信！那不是聽起來像死人嗎？設想有一個人，因為天生的性

46 Agamben, Bartleby oder die Kontingenz, Berlin 1998, S. 33.

47 同上，S. 13。

格和悲慘的遭遇，對人生感到徹底的絕望，那有什麼業務比不斷處理『無法投遞的郵件』和分類這些郵件，更會加深這種絕望？」律師大聲質疑：「他為生活奔忙，而這些郵件卻加快他趨向死亡的速度。」巴托比的此在是一種趨向死亡的否定存在。這種否定性和阿岡本的本體－形上學的解釋是相衝突的，也就是說，阿岡本將巴托比吹捧為第二個創世記、「去創造」（Ent-Schöpfung）的先知，再度瓦解「曾經是什麼」與「曾經不是什麼」之間，以及「存在」與「虛無」之間的界線。(48)

梅爾維爾雖然讓生活的小小種子在墳地中發芽綻放，但是基於強烈的絕望，亡者大量出現，這個小草坪（禁錮的草坪）剛好凸顯了死亡國度的否定性。還有，律師對遭到囚禁的巴托比安慰的話語，也產生完全絕望的效果：「你待在這裡，不會受到任何指責。還有，你瞧瞧，這裡並不如人們想像的，是一個悲傷不幸的地方。抬頭看看，天空在那兒，草在這兒。」巴托比不為所動地回答：「我知道我在哪裡。」阿岡本不僅將天空，同時也將草地當作救世主的象徵。而小草坪作為死亡國度中唯一的生命象徵，只是更強化了絕望的空虛感。「他為生活奔忙，這些郵件卻加快了他趨向死亡的速度。」很可能是這短篇小說所要傳遞最重要的訊息，為生活所做的一切努力，終將導向死亡。

卡夫卡筆下的〈飢餓藝術家〉（*Hungerkünstler*）(49)則不同於對生活徹底失望、不懷抱任何幻想的人。沒有人注意到他的死，卻讓當事人都大大鬆了一口氣，「即使是感覺最遲鈍的人，也會覺得這是一種心曠神怡的放鬆。」他死後空出來的位

48 同上，S. 40。

49 譯註：卡夫卡（Franz Kafka, 1883-1924）是二十世紀相當有影響力的德語小說家。〈飢餓藝術家〉是卡夫卡在一九二二年所寫的一篇短篇小說。小說中描寫飢餓藝術家出於對藝術的熱愛，自願參加飢餓表演。然而，他為藝術忍受四十天飢餓的高尚情操，卻一直不能被世人理解，他只能孤芳自賞。後來他轉到馬戲團去表演。觀眾對動物表演的喜好，遠遠勝過他的飢餓表演。最後，他因為厭食而餓死。取代他的是一隻生龍活虎的美洲豹子，牠狼吞虎嚥地吃著牠最喜愛的食物時，引來群眾的圍觀。

置，就給了代表不渴求生活快樂的年輕豹子：「牠喜歡吃的美食，看守人員會毫不思索就送來給牠。牠似乎不曾渴望過自由。在這高貴的軀體裡，應有盡有，不僅帶著利爪，連自由好像也隨身攜帶著，似乎就藏在牠利齒的某個地方。此外，在牠打開血盆大口、猛烈地吼叫時，生活的樂趣也隨之而至。在旁圍觀的觀眾面對這樣的場景，要不害怕退卻實在不容易。可是，觀眾克服了恐懼，團團擠在籠子周圍，絲毫沒有離去的念頭。」相形之下，否定的負面性給予「飢餓藝術家」自由的感覺，而這種自由，就有如把他從豹子的「嘴裡」搶救出來，同樣虛幻而不真實。「肉片」先生也加入巴托比的行列，他看起來像一塊肉。他熱情洋溢地稱讚所在之處，並勸誘巴托比去吃點東西：「先生，希望您在這裡能有段愉快的時光，寬敞的庭院，涼爽的公寓，先生，希望您會待在這裡和我們共度一段時間——讓彼此盡可能過得愜意舒適。先生，肉片太太和我有這個榮幸，和您在肉片太太的私人房間裡共進晚餐嗎？」律師在巴托比死後，對相當驚訝的肉片先生說的話，聽來非常諷刺，他說：「『嘿！他睡著了，不是嗎？』『跟眾位國王與律師們。』我喃喃自語。」這篇短篇小說並沒有提供彌賽亞式的希望。巴托比的死亡，僅僅只是「破敗神廟裡最後一根倒塌的柱子」。他有如沉沒在「大西洋中的殘骸」一般消失。巴托比的口頭禪「我寧可不做」，不提供任何一種基督教－彌賽亞式解釋的可能性。這個「華爾街的故事」不是一個「去創作」的故事，而是一個精疲力竭的故事。在抱怨和指責的同時，短篇故事的結尾也發出了感慨：

「啊，巴托比！啊，人類！」

MÜDIGKEITSGESELLSCHAFT

倦怠社會

倦怠有一顆寬廣的心。

——莫里斯．布朗修（Maurice Blanchot，法國哲學家）

功績社會作為積極活躍的社會，慢慢演變成一個「興奮劑的社會」（Dopinggesellschaft），「神經系統增強劑」（Neuro-Enhancement）也已經取代負面的用語「大腦興奮劑」（Hirndoping）。但是興奮劑似乎可能使得效能變得沒有效能。不過，嚴謹的科學家則持反對意見，認為不使用含有這類成分的藥物，反而不負責任，因為外科醫生開刀時，可能因為服用神經系統增強劑，更能全神貫注，犯較少的錯誤，挽救更多生命。但是，當神經系統增強劑在普通情況下也可以使用，也就是說，隨時可以取得藥物時，就必須建立一個公平機制。如果體育競賽中可以使用興奮劑，將引發製藥廠之間的競爭。不過，僅憑藉禁令是不能阻止情勢的發展，現在不只是身體，整個人類已經變成「效能機器」，不僅運作通暢無阻，還能展現極大化的效能。興奮劑只是這種事態發展的「結果」，「生命活力」（Lebendigkeit）本身是一個非常複雜的現象，卻在發展過程中被簡化為生氣蓬勃的運作和繁茂的績效成果。績效成果和積極活躍的社會有其陰暗面，即會造成過度的倦怠和精疲力竭。這些精神狀態，恰巧是一個缺乏否定性和受到過度積極向上主導的世界所具有的特徵，這種免疫反應不需以免疫的他者的否定性作為先決條件，而是經由「太多」的積極與肯定所造成。因此，毫無節制地致力於效能提升，將導致心靈的壞死梗塞。

功績社會的倦怠是「單獨的倦怠」（Alleinmüdigkeit），會造成孤立和隔離的效果。那種倦怠，奧地利作家彼得・漢德克（Peter Handke）在〈關於倦怠的實驗研究〉(50)中稱為「使彼此關係分裂的倦怠」：「兩個已經深陷在疲倦中的人，無可避免會遠離彼此，每個人都處在最高度的疲倦中，不是我們的倦怠，而是我的和你的。」這個使彼此關係分裂的倦怠，「以無神的眼光與沉默」鞭打著對方。只有「我」占據所有的視野：「我不能對他說『我是你的倦怠』，甚至簡單的一句『累了！』（如果能這樣表達共有的強烈抗議，也許我們能從個別的地獄中解放出來）：這種倦怠燒光了我們說話的能力及靈魂。」它是暴力的行為，因為能破壞每個團體、每個團結合作的關係、所有的親密關係，甚至是語言本身：「那種類型的倦怠，無法言說，要留下來就必須使用暴力。這種倦怠只會藉由目光表達出來，那目光是會扭曲他者的。」

漢德克以滔滔不絕、看到彼此、修好和解的倦怠，來替代無語、眼神空洞、人際關係分裂的倦怠。倦怠作為「較少的自我更為豐富」（Mehr des weniger Ich），開啟了一個中間地帶，鬆開了「我」的箝制。「我」見到的不僅是「他者」，

50 Peter Handke, Versuch über die Müdigkeit, Frankfurt a. M. 1992.

我也是他者，「他者同時變成了我」。中間地帶是一個代表「不感興趣」（In-Differenz）的友善空間，由「沒有人和空無『支配著』，也不『占優勢』」。因為自我逐漸減弱，自我存在從「我」轉移到現實世界，這是一種「信賴世界的倦怠」。相反地，「自我倦怠」作為單獨的倦怠，是失去世界、催毀世界的倦怠。倦怠「開啟」了「我」，容許世界對「我」進行「滲透」。它再度製造了「二元對立」，這樣的二元對立在單獨的倦怠中被破壞殆盡。人們可以看與被看，可以感動別人和感動自己：「倦怠變得可以被接受，甚至可以感動他人、讓自己感動。」它使駐足、停留變得可能。較少的自我反映的是更多的世界：「倦怠是我的朋友。我再度回到這個世界。」

關於這些「基本的倦怠」（fundamentale Müdigkeit），漢德克收集所有在絕對化積極活躍的過程中，完全消失的此在與共同存在的形式。基本的倦怠完全不同於精疲力竭的狀態，在精疲力竭的狀態中，人們喪失做任何事情的能力。基本的倦怠則被描繪成一種特殊能力，能「啟發」、讓「心靈」動起來。「倦怠的靈感」（Inspiration der Müdigkeit）也適用於「無作為」：「品達(51)歌頌的是一個疲累者，不是一個勝利者！聖靈降臨教派（Pfingstgesellschaft）領受聖靈的方式，想像起來，總是毫無例外地令我感到疲倦不堪。倦怠的靈感和這個有什麼關係，能訴諸言詞的部分實在不多，重點在於，它可能留下的經驗。」倦怠能使人們有特別的寧靜和放鬆，放鬆到什麼事都不做。它不是一種能使所有感官疲乏的狀態，相反地，在這樣的疲倦狀態中，喚醒了一種特別的可見度。所以，漢德克談及一種「眼睛清透明亮的倦怠」。它提供一個完全不同的專注管道，漫長而緩慢形態的管道，擺脫了短暫、快速的過度專注力的影響：「倦怠劃分為〔……〕——那種常見的糾結不清的疲倦，在眼睛所及之處，將有節奏地轉變成享受眼前的形態。」每個形態都是緩慢的，繞道而行的。然而，效率與加速度的經濟學導致這樣的形態消

51 譯註：品達（Pindar, 518 BC-438 BC），古希臘抒情詩人。

失。漢德克竟然將深層的疲倦提升到一種救贖解脫的形態，甚至年輕化的形式。疲憊把驚訝又帶回這個世界：「精疲力竭的奧德修斯(52)贏得風之谷瑙西卡(53)的愛情。疲憊使人變得年輕，從未有過的年輕。〔……〕在他們疲累後的休息中，一切都變得那麼令人驚奇。」

漢德克以不再執意去抓取東西、嬉戲的手，替代一直工作和抓取東西的手：「我每天晚上在西班牙的利納雷斯（Linares），注視著很多小孩疲累的樣子：他們不再貪婪，手上也不再緊握東西，只剩下還在玩耍的手。」深層的疲累鬆開了身分認同的箝制。事物的邊緣閃爍發光、顫動著，變得比較不確定、比較可滲透，而且稍微失去一點堅持。這個特殊的「不感興趣」賦予事物一種「友善的氛圍」，消融了與他者之間的僵硬界線：「在這樣基本的疲倦中，事物不會只為了自己而出現，而是與他者相伴而生，即使只有少數事物，到最後所有一切也會聚合在一起。」這種疲倦促成深刻的友善，並且使一個既沒有隸屬關係，也沒有親屬關係的社群成為可能。人和事物透過一個友善的連接詞「和」，呈現出連結的關係。漢德克在荷蘭靜物畫中看到了這具有獨特性的社群：「我在一幅畫中，就看見了呈現出『一切放在一起』的意象：十七世紀荷蘭風格常見的花卉靜物畫中，有栩栩如生的鮮花，這裡有隻甲蟲，這裡有隻蝸牛，那裡有隻蜜蜂，有隻蝴蝶停在那裡。儘管無法得知是否有他者在場，但在眼下，就在我的眼下，所有事物都聚集在一起。」漢德克的疲倦不是「自我倦怠」，不是「精力耗盡的我」的倦怠。他寧可稱之為「我們倦怠」。在這裡，我不是你的倦怠，而是如漢德克所說：「你累了！」：「就這樣，我們坐著——在我的記憶裡，經常是在午後陽光燦爛的戶外——談話或靜默不語，享受著共同的疲倦（……）。在那時刻，一朵慵懶的雲

52 譯註：奧德修斯（Odysseus）是希臘神話《奧德賽》中的英雄人物。這部神話描述奧德修斯在特洛伊戰爭中取勝後及返航途中的歷險故事。

53 譯註：瑙西卡（Nausikaa）是希臘神話《奧德賽》中法埃亞科安島（Phaeaceans）的國王阿爾喀諾俄斯的女兒。她拯救了遇到海難的奧德修斯。

朵、一種芳香撲鼻的慵懶，將我們緊緊結合在一起。」

「精疲力竭的倦怠」（Erschöpfungsmüdigkeit）是具有積極正面力量的疲倦，讓我們沒有能力「去做一些事情」；啟發性的倦怠則具有「否定力量」，也就是「什麼都不去做」的疲倦。還有安息日，其最原始的意義是「停止，什麼都不去做」的日子——從「帶有目的性做事」（um-zu）的日子釋放出來，套用海德格的話，就是從每個焦慮擔憂中解放出來。那就是「空檔」。上帝在完成創造世界的工程後，宣示第七天是聖潔的，不是「帶有目的性做事」的日子，而是「什麼都不去做」的日子。這一天，使「無用之用」變得可能。第七天是疲倦的一天，這段期間不用工作，是「遊戲玩耍的時間」。這也有別於海德格的時間。就本質來說，他指的時間是焦慮擔憂和工作的時間。漢德克將這段期間描述成和平的時期，因為倦怠就是解除武裝。在疲憊者漫長、緩慢的目光中，泰然自若取代了堅毅果斷。「空檔」作為無所事事的時間，是友善的：「我在這裡解釋在和平寧靜中、在空檔中的疲倦。那幾個小時是和平〔……〕。令人驚訝的是，我的疲倦似乎也促成了短暫的自由，因為它的目光將每個暴力、爭吵或僅是不友善舉動的企圖給平息或是緩和了？」

漢德克勾畫了一種「倦怠的內在宗教」（immanente Religion der Müdigkeit）的理念。「基本的倦怠」結束了自我邏輯上的孤立化，並引發一個沒有血緣和親屬關係的社群。在這社群中，喚起一個特殊的「生活步調」、一種「團結在一起的」情緒和「氣氛」、一種親密的關係、沒有任何家族性和功能性連結的鄰里關係：「一個確定無疑的倦怠者就像是另一個奧菲斯[54]，在他的周圍聚集了最狂野的動物，但他們最終能一起倦怠。倦怠給予分散的個體共同的生活步調。」[55]「聖靈

54 譯註：奧菲斯（Orpheus）是希臘神話中的詩人和歌手，善於彈奏七弦琴，他的琴聲能感動草木，而且能使群獸聚集並馴服牠們。

55 不僅康德，還有列維納斯（Lévinas）的倫理學都具有免疫的結構。因此，康德的道德主體的容忍性，代

降臨的社會」啟發了「無作為」的生活方式，取代了積極活躍的社會。漢德克以「全然的倦怠」來介紹它，就某種特殊的意義來說，那是倦怠者的社會。「聖靈降臨的社會」將是未來社會的同義詞，所以今後的社會也可稱為「倦怠社會」（Müdigkeitsgesellschaft）。

（莊雅慈　譯）

表一個真正免疫的範疇。被容忍的對象，就是他者性。康德的倫理學是否定性的倫理學，黑格爾以肯定康德的理論，使倫理學更為完備。相反地，列維納斯將自我免疫的容忍度完全歸為零。因此，自我被「暴力」所「揚棄」，由他者所引發的暴力，以及自我，徹底被質疑。強調全部他者的立論，使列維納斯的倫理學充滿免疫學的特性。

附 錄

一篇講稿：憂鬱症的社會

二〇一〇年講於卡爾斯魯爾大學哲學系

卡夫卡在他神祕莫測的晦澀短篇小說《普羅米修斯》（*Prometheus*）中，將普羅米修斯神話改寫成幾則傳說。第一則改寫成：「神祇累了，老鷹累了，傷口也筋疲力盡地癒合了。」我自己也改寫了普羅米修斯神話，延伸出另外一種解釋，將之轉換成內在心靈的場景，也就是當今強調功績至上的社會中，功績主體（Leistungssubjekt）的心理機制。這個主體會對自己施以暴力，與自己產生衝突。眾所周知，普羅米修斯將火偷給人類，同時也帶來了勞動。而在當今時代，功績主體誤以為自己享有自由，實際上卻如同普羅米修斯一樣，牢牢給束縛住了。日日啄食普羅米修斯不斷新長出的肝臟的老鷹，被詮釋為另一個引發衝突的自我（Ego）。從這點看來，可以說普羅米修斯與老鷹之間的關係，就是一種自我剝削的關係。有人說，感受不到痛苦的肝臟，其痛苦就是疲倦。因此，普羅米修斯可以理解成極度疲倦的自我剝削主體。

不過，卡夫卡呈現出一種有療癒能力的倦怠，一種會癒合傷口的倦怠：「神祇累了，老鷹累了，傷口也筋疲力盡地癒合了。」而我在這本《倦怠社會》的結尾，同樣也指出一種具有療癒力的倦怠，來反駁折磨自己的自我倦怠（Ich-Müdigkeit），這種自我倦怠來自於對自我過度關注和反覆自我折磨。還有另外一種形式的倦怠，讓自我得以信任世界，可視為「較少的自我更為豐富」的倦怠，一種「信賴世界」的健康倦怠。自我倦怠是一種單獨的倦怠，是一種沒有世界、對世界的知識貧瘠、會毀滅世界且與世隔離的倦怠，會摧毀與他人之間的關聯，只利於自戀型的自我參照（Selbstbezug）。

進一步探討現今功績主體的精神之前，我想先討論規訓主體（Disziplinarsubjekt）。佛洛伊德提出的自我（Ich），就是一種規訓主體。佛洛伊德主張的心理機制，是一種壓抑的強迫機制，充滿了奴役人、壓制人的誡條和禁令。他這種心理機制正如同規訓社會，須借助圍牆、門檻、邊界和崗哨才得以存在。因此，佛洛伊德的精神分析理論，只有在備受壓抑的社會中才有實踐的可能，因為這種社會的體制，奠基於誡條和禁令帶來的否定。然而今日社會是一個追求績效的社會，自詡是自由社會，不斷除去誡條和禁令的否定性。在功績至上的社會中，舉足輕重的情態動詞並非佛洛伊德主張的「應該」（Sollen），而是「能夠」（Können）。這種社會轉變，同時也引起內在心靈的結構變化。晚期現代的功績主體與佛洛伊德精神分析中的規訓主體，擁有「截然不同的精神狀態」。佛洛伊德的心理機制受到否定、壓抑以及恐懼越界所左右，自我是一個「恐懼的場域」（Angststätte）[1]。在晚期現代的功績主體身上卻看不見否定，他（指功績主體）反而是肯定的主體。倘若潛意識必然與否定和壓抑所具備的否定性掛鉤，那麼晚期現代的功績主體就不具有潛意識，他是後佛洛伊德時代的主體。佛洛伊德的潛意識並非不受制於時代，而是規訓社會中，受到禁令和壓抑的否定性所控制的產物。不過，我們早已離開了規訓社會。

1 Sigmund Freud, Das Ich und das Es. Metapsychologische Schriften, Frankfurt a. M. 1992, S. 294.

佛洛伊德的「自我」執行勞動主要是為了履行義務，這與康德的服從主體（Gehorsamssubjekt）有共同之處。在康德的理論中，良知接收了超我（Über-Ich）的位置。康德的道德主體同樣也屈從於「暴力」（Gewalt）：「人人都有良知，且發現內在有個法官在監視自己、威嚇自己，甚至還發覺自己受到敬重（與恐懼相連結的敬重）。這種透過法則在他內心滋長的暴力，不是他自身（任意）所做，而是已內化成他的本質。」[2]康德的主體和佛洛伊德的主體一樣，也會分裂。主體會根據「他者」（Ander）的命令行動，然而他者卻又是自己的一部分：「這種原初的智性和道德（因為具備義務的概念）的稟賦，亦即『良知』，是獨特的。即使其職責正是人類本身的職責，人卻不得不藉由理性才得以看見，彷彿受到『另一個人』的命令一樣。」[3]康德把人這種分裂稱為「雙重的自我」（doppeltes Selbst）或者「雙重人格」（zweifache Persönlichkeit）。[4]道德的主體是被告，同時也是法官。

服從主體並非欲望主體（Lustsubjekt），而是義務主體（Pflichtsubjekt）。因此，康德學說的主體，從事的是義務勞動，且會壓抑自己的「喜好」。這時，康德的上帝就出現了，「一個擁有至高無上權力的道德存在」。這位上帝不僅主管刑罰與審判，同時也是「回饋」（Gratifikation）機構。這個觀點非常重要，只是我們很少深入思索。道德主體作為義務主體，雖然壓抑了一切能帶來樂趣的喜好，以有利德行的培養，但是道德之神也會「酬謝」他在痛苦中完成職責，賜予幸福。「幸福完全根據倫理比例『分配』。」[5]道德主體能為倫理承擔痛苦，所以肯定能得到回饋，而且在此不會出現回饋危機，因為上帝不會說謊，是值得信賴的。

2 Immanuel Kant, Die Metaphysik der Sitten, Werke in zehn Bänden, hrsg. von W. Weischedel, Darmstadt 1983, Bd.7, S. 573.

3 同上。

4 同上，S. 574。

5 Immanuel Kant, Kritik der praktischen Vernunft, Werke in zehn Bänden, a.a.O., Bd. 6, S. 239.

晚期現代的功績主體不從事義務勞動，他（指功績主體）的座右銘不是服從、法則、履行義務，而是自由、欲望與喜好。他對於勞動的期待，在於能夠滿足欲望。勞動之於他，是一種樂趣。他不會聽從他人命令採取行動，主要只聽從「自己」。說穿了，就是自己的老闆，如此一來，他擺脫了「權威他者」對他的否定。但是擺脫他者，不僅只代表了解放和解脫，其辯證在於，它又發展出了新的束縛。本應是擺脫他者的束縛，卻突變成自戀型的自我參照。而自戀型的自我參照，要為今日功績主體的眾多精神疾病負起最大責任。

與他者缺乏連結，會導致回饋危機。回饋代表了認同，所以需要他者機構或第三者機構，畢竟要自我酬賞或者認同自己是不可能的。康德認為上帝是回饋機構，回饋且肯定道德成就。如果回饋結構受到干擾，功績主體就會感覺自己被迫要創造更多績效。因此，與他者缺乏連結，可說是可能引起回饋危機的「超驗」（transzendental）條件。此外，現今的生產關係也連帶造成了回饋危機。最後完成的「成品」不再是「獨立」勞動的結果了。現今的生產關係妨礙了「終止」（Abschluss），說得確切一點，現代人的勞動是「開放的」，欠缺了開頭與結尾的「終止形式」（Abschlussformen）。

理查・桑內特（Richard Sennett）也認為回饋危機可回溯到自戀型疾患，以及與他人缺乏連結：「自戀是一種人格疾患，和特徵顯著的自愛（Eigenliebe）截然相反。耽溺於自我之中，並無法獲得回饋，只會為自我帶來痛苦。自我與他者之間的界線一旦消融，意味著自我將遇不到『其他的』新事物。他們將被吞蝕和轉化，直到再次從中認出自我——但是其他新事物或是他者，卻因此變得沒有意義了。〔……〕自戀者不希望擁有各式各樣的閱歷（Erfahrungen），他渴求的是親身經歷（erleben），親身經歷出現在面前的一切。〔……〕溺死在自我之中〔……〕。」(6)

6 Richard Sennett, Verfall und Ende des öffentlichen Lebens. Die Tyrannei der Intimität, Berlin 2008, S. 563.

要擁有閱歷，就必須邂逅「他者」，因此閱歷是「他者化的」（ver-andernd）。而經歷卻延長了自我停留在他者、在世界中的時間，所以是「同類化的」（ver-gleichend）。就這點而言，自愛在貶低他者、防衛他者，以促進自身（Eigene）利益時，仍會受到否定的影響。自身與他者是「相抗衡」的，因此與他者保持著明確的界線。愛自己的人，其定位是堅決反對他者。但自戀與他者間的界線卻模糊不清。有自戀疾患的人，耽溺在自我當中，若是與他者完全失去連結，也無法培養出堅固穩定的自我形象。

桑內特將當今個體的人格疾患與自戀連結，論述得非常正確，結論卻錯了：「由於期望不斷增強，所以從來不會滿意當下的行為，這就代表對於終止無能為力。達成目標的感受，是被刻意迴避的，因為自己的親身經歷將會客觀化，具有形態和形式，進而獨立於自我而存在。（……）自我唯有持續不斷，沒有終止，才是真實不虛；而必須時時練習自我否認，自我才能持續不斷。一旦出現終止，經驗似乎就脫離了人，人彷彿便受到失落的威脅。自我持續不斷，衝動永無終止、也無法終止，正是自戀的基本特性。」[7]根據桑內特的論點，自戀的人會「刻意」迴避達成目標或者完成事情，因為一旦有所終止，就會產生具體化的形象，獨立於自我而存在，進而削弱了自我。然而，事實卻完全相反。正因為社會不允許這種客觀看來「有效，甚至是永久有效的終止形式」，所以將主體趕入不斷重複的自戀當中，才不會產生「形象」，不會產生堅固的自我形象，也不會形成「性格」。換句話說，並不是為了提升自尊心，所以「刻意」迴避掉必須達成目標的感受，「而是必須達成目標的感受並未出現」。自戀的主體並非不希望有所終止，不如說他是無能為力。他迷失了自己，向外開放散亂。欠缺終止形式，也能提高經濟效益，因為開放和不封閉會促進成長。

歇斯底里是規訓社會典型的精神疾病，精神分析也是在規訓社會中建立的。

7 同上，S. 581。

精神分析以壓抑、禁令和否認等所帶來的「否定性」為理論前提，否定性則導致潛意識的形成。而被驅逐到潛意識的欲力代表透過「轉化」（Konversion），會成為清楚凸顯出個人的身體症狀。歇斯底里揭示一種「性格形態」（charakteristische Morphe），所以可用「形態學」（Morphologie）來解釋，因而與憂鬱症有所區隔。

根據佛洛伊德的觀點，「性格」從否定而來，心理機制中若缺少了審查機關，就不會形成性格。因此佛洛伊德將其定義成「放棄對客體投注情感後的沉澱物」。[8]對客體的情感投注發生在本我中，自我一旦認知到對客體的情感投注，要不將之拋棄，要不就是透過壓抑將之阻擋。性格當中含有壓抑的歷史，並形塑了自我與本我、超我之間的特定關係。若說歇斯底里呈現出一種性格「形態」，那麼憂鬱就不具任何形式，亦即「無-形態」（a-morph），是一個「沒有性格的人」。因此可以普遍地說，晚期現代的自我是沒有性格的。卡爾・施米特（Carl

Schmitt）說「不只擁有一個真正的敵人」是「內在分歧的跡象」，這一點也可應用在朋友身上。根據施米特的觀點，不只擁有一個真正的朋友，就是沒有性格、沒有特色與無形狀的跡象。對施米特而言，在臉書上擁有眾多朋友，暗示了晚期現代的自我沒有性格，而且沒有形狀。正面來看，這類沒有性格的人又叫作靈活的人，能夠接受任何一種形象、角色與功能，不具固定形狀，或者說靈活多變，能夠創造高經濟效益。

佛洛伊德的精神分析理論，以壓抑和否認產生的否定性為前提。他強調潛意識與壓抑「在非常大的程度上是相關的」。現代的精神疾病中，例如憂鬱症、身心俱疲症候群或注意力缺陷過動症，卻不見壓抑過程和否定過程的影子，而是「肯定過剩」所導致，也就是「過度積極向上」。換句話說，不是因為遭到否定，而

8 Das Ich und das Es, a.a.O., S. 268.

是因為沒有能力「說不」；不是「不可以」，而是「什麼都可以」。因此，精神分析理論在此派不上用場。憂鬱不是超我之類的威權者所壓抑的結果，而且也沒有出現「轉化」症狀，能夠間接指明精神內容受到了壓抑。

今日的功績社會頌揚自由、反對干預，強力拆卸了建構出規訓社會的柵欄和禁令。否定性一被消除，就會提高功績。於是普遍去邊界化，沒有限制，甚至出現不會產生壓抑能量的「普遍濫交」（allgemeine Promiskuität）。具有約束力的性道德一旦不妨礙本能衝動的發洩，就不會出現丹尼爾．保羅．史瑞伯(9)那種妄想症，佛洛伊德將史瑞伯的妄想症歸因於遭到壓抑的同性戀。在十九世紀的規訓社會中，同性戀、甚至情欲，都受到嚴格禁止，「史瑞伯案」正是其中典型的案例。

潛意識不會造成憂鬱症的發生，它無法再主宰憂鬱功績主體的心理機制。但是艾倫貝格顯然仍堅持此點，因而出現了扭曲的論點：「憂鬱症的發展史有助於我們理解社會和精神的大轉折。這段歷史不斷升級，貫穿了二十世紀前半的主體經歷過的兩種形變的面向：心靈的解放與自我認同的不確定感，以及個人的積極主動與無能為力。這兩種面向清楚點出人類學的危機，危機在於，精神官能性衝突最後演變成了精神病學裡的憂鬱症。由此衍生而出的個體，被迫面對自己無法掌控的未知信息，面對西方人稱之為潛意識的不可化約的部分〔……〕。」[10]根據艾倫貝格的觀點，憂鬱症象徵了「無法掌控」、「不可化約」的部分，[11]源自於「無法掌控的部分與無限可能之間的衝突」。[12]因此，之所以會得憂鬱症，是

---

9 譯註：丹尼爾．保羅．史瑞伯（Daniel Paul Schreber, 1842-1911）曾任最高法院首席法官，多次因為精神崩潰進出精神病院。曾經出版《一個神經症患者的回憶錄》（Denkwürdigkeiten eines Nervenkranken）描述自己發病的心理歷程，佛洛伊德將此書視若珍寶，加以深入研究。

10 Alain Ehrenberg, Das erschöpfte Selbst. Depression und Gesellschaft in der Gegenwart, Frankfurt a. M. 2004, S. 273.

11 同上，S. 277：「在充滿無限可能的時代，憂鬱象徵無法掌控的部分。我們可以操控自己的精神和身體，可以藉由各種方式將我們的界線往後推，然而這些操作手法卻無法讓我們擺脫任何事情。強迫與自由會有所改變，但是『不可化約』的部分絲毫不會減少。」

12 同上，S. 275。

因為追求積極主動的主體，在無法掌控的事物上遭遇挫敗。但是，無法掌控、不可化約或者未知，就像潛意識一樣，是否定的圖像，不再是受到過度肯定、積極過度所左右的功績社會的本質。

佛洛伊德認為，當他者透過認同自戀而內化成為自我（Selbst）的一部分時，哀愁（Melancholie）對他者便具有毀滅性。因此，與他者的原始衝突會向內深化，轉變成矛盾的自我關係，導致自我衰退弱化，做出傷害自己的行為。但是，現代功績主體之所以罹患憂鬱症，卻不是因為與或許已消失的他者之間存在矛盾與衝突。在這種病症上，沒有他者參與的空間。身心俱疲症候群到後來往往會演變成憂鬱症，而激勵過度的極端自我參照，因為具有毀滅性元素，也是憂鬱症的成因之一。身心俱疲、頹喪憂鬱的功績主體明顯飽受自己的折磨，他疲憊困倦，被自己折磨得筋疲力盡，與自己不斷發生衝突，完全無能為力走出來，走到外面，無法相信「他者」，也無法信任「世界」。他沉溺在自己裡，弔詭的是，最後卻導致自我腐朽與掏空。他將自己「封閉」在一個「繞著自己」越轉越快的倉鼠滾輪上。

新型媒體和大眾傳播科技也削弱了「他者的存在」。虛擬世界中缺乏「他者性」（Andersheit）及其「阻力」。其實在虛擬空間中，自我不需要「真實原則」也可以自由活動。所謂真實原則，就是「他者與其阻力的原則」。在虛擬世界的「想像」空間中，自戀的自我主要遇見的對象是自己。「真實」會因虛擬化與數位化逐漸消失，而真實主要是透過其「阻力」，才得以顯現。「真實」的另一重意義是「依靠」。也就是說，真實不僅會導致斷裂或者引發反抗，同時也是依靠和支柱。

晚期現代的功績主體握有太多的選擇權，沒有能力建立「緊密的連結」。憂鬱會切斷所有連結。悲傷（Trauer）和憂鬱不同之處在於，悲傷與客體之間有強烈的原欲連結，憂鬱卻沒有客體這個對象，因而「無所適從」。另外，我們也有必要將憂鬱和哀愁區分清楚。哀愁的前提是曾經歷過失去，因此始終「處在一段關係中」，換句話說，是處在「對象缺席的負面關係中」。憂鬱卻切斷了各種關係與連結，缺乏「重力」。

客體失去強烈的原欲投注對象時，悲傷於焉形成。會悲傷的人，是與被愛的「他者」緊密相依的。晚期現代的自我，將大部分的原欲能量用在自己身上。其他剩餘的原欲則分配、分散在不斷增加的接觸以及短暫的關係上。除此之外，從他者身上抽掉極其微弱的原欲，投注在新的客體上，是非常容易的事情，沒有必要曠日廢時，痛苦萬分地「哀痛悲傷」。社交網絡上的「朋友」是用來提升自戀的自尊心，因為他們就如同消費者，關注著如貨品般「陳列在外的自我」。

艾倫貝格只在量上區分哀愁和憂鬱。哀愁帶有一些菁英特質，今日已民主化為憂鬱：「若說哀愁是不凡人士的怪癖，憂鬱就是『把不凡變通俗』的表現。」(13)他認為憂鬱「把哀愁平等化，是典型民主人士的疾病」。不過，艾倫貝格特意將憂鬱置入尼采曾預示來臨的主權獨立的人出現的時代，因此憂鬱者是「因主權而筋疲力盡的人」，也就是不再有力量成為自己主人的人。他因為不斷「追求積極主動」而疲勞委頓。由於憂鬱這種特殊的病源，艾倫貝格陷入了矛盾，因為哀愁在古典時期就已出現，不應該與形塑出現代個體或晚期現代個體的主體性相提並論。古典時期的哀愁者，與欠缺力量「成為自己主人」或「缺乏熱情成為自己」的憂鬱者截然不同。(14)哀愁就如同歇斯底里或悲傷一樣，是一種否定的現象，憂鬱卻與過剩的積極正面有關。不過，憂鬱和民主之間或許也可以找出關聯？根據施米特的看法，當民主欠缺「能夠終止的決策力量」，憂鬱就成了其特徵。他指出，「決策具有強烈的權力」，根本不會產生曠日廢時的衝突。由此看來，

13 同上，S. 262。
14 同上，S. 199。

憂鬱不是因為「與衝突失去連結」，而是與「下決定的客觀機構」失去聯繫。這個客觀機構會產生「終止形式」，交出回饋機構。

艾倫貝格只從自我的精神分析和病理學檢視憂鬱，並未顧及經濟學這個面向的關聯。身心俱疲症候群往往比憂鬱要早出現，可是非但沒有因此使人注意到耗盡氣力「成為自己主人」的主權個體，身心俱疲症候群反而成為「心甘情願」自我剝削的病理結果。要求一個人自我成長、轉化、再造的無上命令，是以提供結合身分認同的產品為前提，然而無上命令的反面就是憂鬱。變換身分的頻率越高，生產就越有活力。工業化的規訓社會仰賴的是固定不變的身分，而後工業的功績社會需要的卻是靈活多變的人，以提高產量。

艾倫貝格主張：「憂鬱的結果來自於『與衝突失去連結』，衝突是十九世紀末留給我們的主體概念賴以發展的基礎。」[15]根據艾倫貝格的說法，衝突具有建構功能。個人身分和社會身分之所以形成，都是來自於「透過衝突而彼此產生關聯的元素」。(16)不論是在政治生活還是私人生活中，衝突正是民主文化的核心準則。憂鬱卻掩蓋了從衝突中形成關係的困難。因此，衝突不再促成人類團結。

衝突模式是古典精神分析理論的主要重點。治療之道在於「認清」（erkennen），也就是說，特意進入發生內在精神衝突的意識中。不過，衝突模式是以壓抑和否認帶來的否定性為前提，因此不再應用在完全欠缺否定性的憂鬱上。艾倫貝格雖然認知到憂鬱的特徵是與衝突缺乏連結，卻仍緊抓著衝突模式不放。他認為憂鬱是源於隱匿不外顯的衝突，而抗憂鬱劑只是把隱匿的衝突變得無足輕重，衝突已不再是「穩當的領袖」：「彌補不足，對刺激無感，控制衝動，克服強迫行動等等，將依賴變成了憂鬱的反面。衝突雖未因為一手握著促進個人

15 同上，S. 11。
16 同上，S. 258。

發展的神聖信條，另一手緊抓著效率崇拜而消失，卻喪失了清楚的定義，不再是個穩當的領袖。」[17]憂鬱實際上擺脫了衝突模式，換句話說，也就是擺脫了精神分析理論。艾倫貝格試圖「忽略精神分析理論的條件」，來拯救精神分析理論。

艾倫貝格將「去衝突化」（Dekonfliktualisierung）和憂鬱連結在一起。去衝突化必須放在「社會普遍積極化」的脈絡中審視，而社會積極化，又去除了意識形態的問題。社會政治事件，不再受到聽來早已陳舊的意識形態衝突或者階級抗爭所左右。然而社會的積極化卻也沒有消除掉暴力。暴力的來源除了抗爭或衝突之外，也來自允許積極向上。「資本的霸權」（die Totalität des Kapitals）似乎吸收了所有一切，如今代表著「取得了共識的暴力」。目前，鬥爭不再出現在群體、意識形態或者階級之間，而是發生在個體之間，這個事實並不如艾倫貝格所認為，對功績主體的危機具有決定性的影響。[18]棘手的不是個體競爭，而是將個體競爭激化為絕對競爭的自我參照。也就是說，功績主體與自己競爭，而且受到毀滅性的逼迫，必須不斷往前超越自己的影子。這種名為自由，實際上卻是自我強迫的行為，終將導致毀滅。

從規訓社會轉型到功績社會的過渡期中，超我越發往正向發展，就會轉變成「理想自我」（Ideal-Ich）。超我是壓抑的，主要代表禁令，具備「權威的『應該』所有的強硬、無情特色」和「嚴苛限制、殘酷禁令等特徵」，以此控制自我。而理想自我是吸引人的，與壓抑的超我截然相反。功績主體「勾勒」出理想自我，服從主體則是「屈從」於超我之下。屈從與勾勒是兩種殊異的存在模式。在超我中，存在著負面的壓迫，而理想自我對於自我的壓迫卻是正面的。超我的負面限

17 同上，S. 248。

18 同上，S. 267：「群體間的衝突已被個體競爭所取代〔……〕我們正經歷一個雙重現象：日漸擴張卻始終抽象的全球化，以及一個同樣逐漸擴張卻能具體感受到的個體化。我們可以同時對抗老闆或者一個敵對階級，但是該拿全球化怎麼辦？」

制了自我的自由。但是勾勒出理想自我的，卻是一種自由的行動。自我若是糾結在一個無法達到的理想自我當中，反而會飽受理想自我的折磨。如此一來，真實自我與理想自我之間的鴻溝，將演變成自我攻擊的行為。

晚期現代的功績主體誰也不屈從。事實上，他不再是一個還擁有「屈從性」（Subject to, sujet à）的主體，而是正向發展，甚至解放自己，轉變成為一項「專案計畫」（Projekt）。不過，即使「從主體轉變成專案計畫」，卻沒有消弭暴力。外來的壓迫不見了，取而代之的是打著自由之名的自我壓迫。這樣的發展，與資本主義的生產關係緊密相依。從特定的生產水準來看，自我剝削基本上比外來剝削的效率更高，績效更好，因為自我剝削是伴隨著自由的感受同行的。功績社會是自我剝削的社會。功績主體剝削自己，直至身心俱疲才肯罷休，還從中發展出攻擊自己的行為，最後激化為毀滅自我的暴力。「專案計畫」則是功績主體拿來對準自己的砲彈。

在理想自我的面前，真實自我是失敗者，總是自我譴責。自我會和自己發生衝突。一個以積極向上、以肯定為基調的社會，以為擺脫了一切外來壓迫，實則陷入自我壓迫的毀滅性困境。身心俱疲症候群或憂鬱症等精神疾病是二十一世紀的主流疾病，全都顯露出自我攻擊的特性。人對自己施以暴力，剝削自己。本是外來原因引起的暴力，取而代之為自己造成的暴力，後者比前者更加致命，因為這種暴力的受害者誤以為自己獲得了自由。

「Homo sacer」（神聖之人）的原始意義指的是因犯罪而被逐出社會的人。誰都可以殺死這種人，也不會受到懲罰。主權者（Souverän）具有能廢除有效法律的絕對力量，是制定法律的強權化身，立在法律之外，與法律維持著關係。因此，主權者不需要擁有權利才能訂定法規。而他一旦廢除有效法律，就會出現沒有法律的空窗期，在這種例外狀態中，是有可能對任何人動用絕對權力的。神聖之人這個赤裸裸生命的產物，十足是自主權的原始成就。他的生命之所以赤裸裸，是因為他不受法律保護，隨時可被殺死。

根據阿岡本的看法，人類生命唯有納入自主權的權力裡，才具有政治性。也就是說，「必須將自己出讓給操生殺大權的絕對力量」。(19)可被殺死的裸命和自主權的權力，是彼此互生的：「與我們現代人習以為常認為的公民權、自由意志和社會契約等概念中的政治空間相反的是，從自主權的角度來看，『唯獨裸命才切切實實具有政治性』。」(20)「蒙受死亡的生命」是「原始的政治元素」。「政治的『原始現象』」是制定出「神聖之人的裸命」的禁令。自主權和神聖之人的裸命，分列在法律秩序的兩極。所有人類與主權者相對而立，全都是潛在的神聖之人。(21)

阿岡本的神聖之人理論固守著否定性這個模式，所以凶手和受害者，主權者和神聖之人，彼此切割得很清楚，即使從拓撲學來看也是一樣。根據阿岡本的看

19 Agamben, Homo sacer. Die Souveränität der Macht und das nackte Leben, Frankfurt a. M. 2002, S. 100.

20 同上，S. 116。

21 「神聖之人」指的是違反神的禁令，而被驅逐出社會的人，例如隨便搬動特爾米努斯（Terminus）的界石，就會成為這位邊界守護天使報復的對象，誰都可以執行殺戮，而不會受到懲罰。然而，神聖之人歷經好幾個歷史階段。在西元前四百五十年前古羅馬制定十二表法的時代，傷害保民官的不可侵犯性，就會被處以獻祭刑（sacer）。平民又重拾古老原始的宗教實踐，以確保自己的權力優勢。阿岡本完全忽略神聖之人的歷史發展，並將獻祭刑（sacratio）侷限在平民統治的時代。所以，他犯了錯誤，將獻祭刑歸因於平民保民官享有的「神聖權力」（potestas sacrosancta）。因此，獻祭刑在逐漸失去它宗教意義的情況下，與自主權的權力產生連結。名聞遐邇的法學史家艾米爾・布倫邁斯特（Emil Brunnenmeister）寫道：「獻祭刑（……）不是世俗的，指的僅僅是被驅逐出教會，後來才慢慢演變成逐出世俗社會。」（Das Tötungsverbrechen im altrömischen Recht, Leipzig, 1887, S. 153.）為了強化他的論證，阿岡本進一步在神聖之人上，建構出實際並不存在的矛盾論點。他指出，神聖之人不可能屬於宗教領域，因為誰都可殺死他，卻不可傷害其他的聖物（res sacrae）。但是，由於人們認為神可能隨時報復神聖之人，甚至會透過另一個人的手，所以縱使神聖之人死於人類手中，也不因此脫離宗教範疇，因為凶手不過是相關神祇的報復工具罷了。布倫邁斯特這麼寫道：「獻祭刑是立基於多次驗證後的信仰，神明（……）會依己之意，隨時隨地懲罰褻瀆神的人，而且不管國家，還是官員、神職人員或是個別公民，誰都不准先實行懲罰。沒有一個活人能知道憤怒的神明會選擇何種方式，將落入祂手中的犧牲者帶向必然的滅亡，也許讓有罪之人遭受各式各樣的虐待，最後走向自殺；也許使他發生突如其來的意外事件而終結生命；也或許將殺人武器塞進某個人手中。殺人凶手若可能是在完全無意識的情況下成為神明的報復工具，下手殺害受詛咒的人，那麼他將被視為無罪，無須面對任何懲罰。這種允許利用人類工具幫助受辱神明進行報復，甚至認為這是一種義務的想法，絕對不存在於民間信仰。神的所有權兢兢業業受到保護，不使遭受損害，基於同樣的戒慎恐懼，理所當然也會阻擋輕浮與邪惡的人，假扮成超世俗力量的世間代言人，執行本屬於法，主權和神聖之人的裸命「分列在法律秩序的兩極」。阿岡本的例外狀態屬於負面的狀態。功績社會的神聖之人卻是群集在「正常狀態」中，也就是「積極肯定的狀態」中。阿岡本完全忽略了權力的拓撲變化，而那是主權社會轉型到功績社會的基礎。他認為功績社會的中心是主權的社會。在這一點上，顯示了他的論點不符合時代。也因此，他發現的暴力是否定性的暴力，是奠基於「排斥在外」和「禁止」。有鑑於此，他沒發覺表達「疲倦」和「包含於內」的肯定性暴力，那正是功績社會的特徵。由於他只著重在如今已顯陳舊的否定形式的世俗化上，所以對「積極正面等肯定性的極端現象」視而不見。今日暴力的來源毋寧是「因循守舊的共識」，而非「異議的對立」。如此一來，我們才有可能討論「共識的暴力」，藉此反駁哈伯馬斯（Jürgen Habermas）的論點。

功績主體不受強逼他勞動或者剝削他的外在統治權力所控制，他不屈從任何人，或者說只聽命於自己。然而，廢除了外在統治權力，卻沒有除掉強迫結構，導致自由和強迫同時崩解。他把自己讓渡給自願的強迫，以求取得最大績效。他就是這樣剝削自己。自我剝削若是伴隨著曖昧虛假的自由感受，與外來剝削相比之下，效率會更高。剝削者同時也是被剝削者。這裡的剝削，是在未受控制的情況下發生的。這就是自我剝削的經濟效益。資本主義制度將外來剝削換成自我剝削，以便加快速度。功績主體的荒謬自由，使得他既是施暴者，也是受害者；既是主人，也是奴僕。自由和暴力在此同時崩毀。本是「自由人」（Homo liber）、是自己主權者的功績主體，結果成了神聖之人。功績社會的主權者同時也是「自己的神聖之人」。功績社會中，在某種荒謬矛盾的邏輯下，主權者和神聖之人是彼此相互創造而生的。

超世俗力量的刑責追究。」（Das Tötungsverbrechen im altrömischen Recht, a.a.O., S. 152 f.）阿岡本進一步主張，由於不准將神聖之人奉獻給神明，所以他們不僅被排除在人類秩序之外，同時也被排除於神的秩序之外。這種結論也是錯誤的，因為神聖之人已經是受辱神明的所有物，所以才不可用來獻祭。由此證實，阿岡本的主權理論賴以建立的神聖之人，是杜撰虛構的，並不符合歷史真相。

如果阿岡本指出我們所有人很有可能都是虛擬的神聖之人，那是因為我們受制於自主權的禁令，而且絕對可被殺害。現代社會已不再是主權社會，所以阿岡本的社會診斷與現代社會的所有元素有所矛盾。造成我們今日成為神聖之人的禁令，不是自主權的禁令，而是功績的禁令。功績主體以為自己是「自由」的，是自由人，是自己的主權者、自己的老闆，實際上卻處身在「功績的禁令」下，把自己變成了神聖之人。換句話說，功績社會的主權者是他「自己的神聖之人」。

艾倫貝格的憂鬱理論也忽略了功績社會與生俱來的系統暴力，他的分析大範圍地集中在心理上，而非經濟或者政治，所以他沒有在功績主體的精神疾病中，看見資本主義自我剝削的情況。根據艾倫貝格的看法，唯獨無上命令會造成憂鬱，只屬於自己。因此，他認為憂鬱是晚期現代人沒有辦法成為自己的病理表徵。艾倫貝格將晚期現代人等同於尼采的主權獨立的人，沒有認清他同時是主權者與神聖之人，也同時是主人和奴僕。他不會是尼采所謂的主權獨立的人，而是自我剝削的「最後」之人，是自己的奴僕。與艾倫貝格的看法截然不同的是，尼采的主權獨立的人，事實上是身心俱疲的功績主體在文化批判上的對照模式，所以是以悠閒之人的樣貌出現。對尼采而言，好動的人惹人厭煩。「堅強的靈魂」維持「沉穩寧靜」，「行動緩慢」，而且「厭惡過度活躍」的人。尼采在《查拉圖斯特拉如是說》中寫道：「致所有喜愛辛苦勞動，以及快速、新穎與陌生事物的人——你們無法忍受自己，你們的勤奮是種逃避，以及想要把自己給忘掉的意志。如果你們多相信生命，就比較不會專注在眼前的時刻。但是你們內涵不足，沒有辦法等待——也沒有懶惰的能力！」[22]

資本主義經濟將求生存加以絕對化，關注的不是「美好」生活，[23]而且受到

22 Friedrich Nietzsche, Also sprach Zarathustra, Kritische Gesamtausgabe, 5. Abteilung, 1. Band, S. 53.

23 亞里斯多德提醒，純賺錢是下流的，因為那關照的只是赤裸裸的生活，而非美好的生活：「對某些人來說，那似乎是持家的責任，他們不斷堅持人要不就是保護錢財，要不就是無限制地增加財富。這種觀念

更多資本能繁殖更多生命、更多財產能促進生活的幻想滋養。生與死硬生生被無情區分開來，使生命僵化得有如鬼魅一般。對美好生活的關注，轉變成歇斯底里的求生存。生命壓縮到只剩攸關生死存亡的生物過程，因此顯得赤裸裸，剝奪了任何的敘事性（Narrativität），同時也奪走了「活力」。生命活力要比單純的生命力和健康複雜許多。健康這種瘋狂妄想，肇因於生命變得像硬幣一樣赤裸裸，失去了敘事內涵和價值。由於社會分裂切割以及社會性受到腐蝕，只剩「自我的身體」，因此不惜任何代價也要維持健康。理想價值喪失了，自我除了「展示價值」之外，就只剩「健康價值」了。裸命導致任何的拓撲關係和目的消失，只求身體的健康。健康變成自我參照，逐漸空洞，最後成為一種「沒有目的的目的」。

從另一個完全不同的理由來看，功績社會中，神聖之人的生命既神聖又赤裸。之所以赤裸，是因為剝除了超驗的價值，壓縮成生命機能和生命功效的內在（Immanenz），為了擴大這種內在性，無所不用其極。功績社會由於自身的內在邏輯，逐漸發展成一個「興奮劑社會」（Dopinggesellschaft）。生命壓縮至只剩赤裸的生命機能，無論如何就一定要維持「健康」了。健康於是成了新的女神。(24)赤裸的生命之所以神聖，原因就在於此。功績社會的神聖之人，由於具有絕對不可殺害的另一個特殊性，而與主權社會的神聖之人有所區別。他們的生命宛如「永恆不死之人」（Untote）。他們因為生命力活躍，所以「死不了」；卻也因為毫無生氣，無法好好「活著」。

（管中琪　譯）

來自於要孜孜不倦地努力生活，然而那不是為了美好生活而奮鬥。由於這種渴望永無止境，所以他們也渴望能擁有永無止境的機會去實現願望。」（Politik, 1257b）

24 尼采的「最後的人」解釋了在神死後，健康成為新的女神：「〔……〕人們推崇健康。『我們發明了幸運。』最後的人如是說，然後眨了眨眼。」（Also sprach Zarathustra, a.a.O., s. 14.）

倦怠社會 / 韓炳哲（Byung-Chul Han）著 ; 莊雅慈, 管
中琪譯. -- 初版. -- 臺北市 : 大塊文化, 2015.04
面； 公分. --（walk ; 9）
譯自 : Müdigkeitsgesellschaft
ISBN 978-986-213-597-6（平裝）

1. 社會學

540　　　　104003792

LOCUS

LOCUS